탈북인의 공·사적 관계와 의사소통

서울대학교통일학연구총서 13

탈북인의 공·사적 관계와 의사소통

펴낸곳 서울대학교출판문화원
펴낸이 오연천
지은이 이순형 · 김창대 · 진미정

초판 1쇄 인쇄 2011년 12월 25일
초판 1쇄 발행 2011년 12월 30일
출판등록 제15-3호

주소 서울 관악구 관악로 599 우편번호 151-742
대표전화 02-880-5252 **팩스** 02-888-4148
마케팅팀(주문상담) 02-889-4424, 02-880-7995
이메일 snubook@snu.ac.kr
홈페이지 www.snupress.com
영문홈페이지 eng.snupress.com

ISBN 978-89-521-1175-3 94300
978-89-521-1029-9 (세트)

서울대학교통일학연구총서 13

탈북인의 공·사적 관계와 의사소통

이순형·김창대·진미정

서울대학교출판문화원

Social Interactions and Communications of North Korean Refugees in Public and Private Spheres

Soon-Hyung Yi · Chang-Dae Kim · Meejung Chin

Seoul National University Press

서울대학교통일학연구총서를 내면서

냉전체제가 와해되고 남북교류가 증대하면서 21세기 한반도의 창조적 미래구상이 절실히 요청되고 있다. 우리의 희망과는 달리 남북관계는 여전히 불안정하고 국제정세 또한 유동적이지만, 상호적대적인 분단체제는 더 이상 유지되기 어려운 상황임이 분명하다. 민주화와 경제발전을 성공적으로 이룩한 우리 사회의 역량을 바탕으로 이제 통일한국의 미래를 기획하고 추진하는 일이 핵심적인 시대적 과제로 부각되고 있다.

어떤 형태의 통일이 바람직할 것인가에 대해 완전한 합의를 얻기는 쉽지 않다. 통일이 이루어질 시기를 예측하기도 어려우며, 통일과정이 반드시 점진적이거나 평화적일 것이란 보장도 없다. 우리가 원치 않는 방식으로 통일문제에 맞부딪치게 될 가능성도 얼마든지 있다. 그럼에도 불구하고, 아니 그렇기 때문에 통일에 대한 연구는 더욱 총체적인 시야에서 체계적으로 이루어져야 한다. 실제로 통일과정에 돌입했을 때 그 전 과정을 적절히 관리할 역량이 갖추어지지 못하면 오히려 심각한 갈등과 후유증을 겪을 우려가 크기 때문이다.

통일논의가 구체화되고 정책적 실현가능성이 높아지면 질수록 그에 적합한 전문성과 책임성을 갖추기 위해 노심초사해야 하는 것이 한국 지식인의 책무일 것이다. 반세기 이상 남북한 주민들이 경험해온 상이한 제도와 관행을 적절히 통합하고 전쟁의 상처와 오랜 대립에서 비롯되는 적대감과 이질성을 극복하기 위해서는 고도의 전문성과 기획력이 무엇보다도 필요하다. 한반도 통일을 바람직한 동북아 지역질서와 연계시키고 보다 나은 공동체를 구현하는 일도 지식인들의 높인 식견과 섬세한 대응역량이 없이는 불가능하다.

서울대학교는 2003년부터 통일학 연구 지원 사업을 시작하였고, 우리 사회의 지적 대응능력을 키우는데 진력하고 있다. 서울대학교의 통일연구 사업은 북한에 대한 지역연구 차원을 넘어서 통일과정 전반에서 고려되어야 할 쟁점들을 학제적으로 분석하는 데 목적을 둔다. 따라서 정치, 경제, 사회, 역사, 문화, 환경의 영역은 물론이고 농학과 의학, 과학기술과 예술 및 체육에 이르기까지 광범위한 영역을 포괄한다. 이 일을 총괄하는 서울대학교 통일평화연구원은 국내외의 연구기관 및 연구자들과 교류하면서 종합학문으로서의 통일학을 정립하고자 애쓰고 있다.

서울대학교 통일학 연구총서는 이러한 학문적 노력의 결실이다. 이 신서가 우리 시대 최대의 과제인 분단극복과 통일한국을 향한 역사적 장정에 긴요한 지적 자산이 되기를 기대한다. 또한 소모적인 이념 논란을 지양하고 창조적인 대안과 정책적 지혜를 탐색하는 이성적 도구로 활용되기를 바란다. 끝으로 통일 연구의 시대사적 중요성을 인식하고 서울대학교 통일연구 사업의 제도적 바탕을 마련해주신 정운찬 전 총장님과 변함없이 이 연구 사업을 지원, 격려해주신 이장무 전 총장님, 그리고 종전의 통일평화연구소를 통일평화연구원으로 승격하여 새로운 도약과 발전의 기틀을 마련해주신 오연천 총장님께 깊은 감사를 표한다.

2011년 9월

서울대학교 통일평화연구원

머리말

반만년을 한 민족으로 살아온 남한과 북한은 해방 후 65년 동안 그 어느 때보다 심각한 이질화를 경험했다. 이념이 정치, 경제 제도뿐 아니라 사람들의 삶의 가치와 생활방식을 변화시킨 탓이다. 점차 언어 소통이 어려워지고 심리적 벽이 높아져서 자칫 이민족으로 여겨질 정도이다. 따라서 이질화된 남한과 북한의 상호이해와 심리적 통합은 우리 시대가 요구하는 당면 과제가 되었다.

지난 수년 동안 저자들은 지속적으로 만나서 탈북인들의 사회적응과 심리적 통합 문제에 대해 관심을 가지고 연구했으며, 그때마다 크고 작은 결과물을 산출해왔다. 『탈북가족의 적응과 심리적 통합』(이순형 · 조수철 · 김창대 · 진미정, 2007)에서는 북한주민이 북한을 떠나 제3국을 거쳐 남한사회에 진입하면서 그들의 심리 · 사회적 통합을 저해하는 조건이 무엇이며, 그러한 조건 속에서도 자신들의 심리적 통합과 제3국 및 남한에서 사회적 통합을 이루어내는데 도움이 되는 조건과 과정을 탐구했다. 『탈북민의 가족 해체와 재구성』(이순형 · 김창대 · 진미정, 2009)에서는 탈북인의 심리 · 사회적 통합과정에서 가족에 초점을 맞추어 그들이 탈북과정에서 어쩔 수 없이 가족과 해체되는 경험을 하지만 결국 (원가족이든 새로운 가족이든) 가족관계로 회귀되어 가는 과정을 다루었다. 그 과정 중에 탈북인의 삶 속에서 가족이 가진 의미를 조명하고 그것을 통해 인간생활에서 가족의 의미와 중요성을 이해하고자 했다. 『탈북민의 사회관계망과 사회적 자본』(진미정 · 이순형 · 김창대, 2009)에서는 탈북인들이 북한, 제3국 및 남한에서 자신들의 심리 · 사회적 통합을 성취하기 위해 동원하고 활용하는 사회관계망과 사회적 자본의 유형과 중요성을 다루었다.

이 책은 『탈북인의 공 · 사적 관계와 의사소통』은 저자들이 탐구해 왔던 탈북인의 심리·사회적 통합이라는 주제의 맥을 잇는 또 하나의 결과물이다. 남한사람들과 탈북인들이 만나 상호작용하면서 서로 무엇인가 이중적이라고 느낀다. 남한사람과 탈북인들이 서로에 대해 느끼는 불신감, 이중적이라는 평가는 이 두 집단 사이의 사회적 통합에 결코 도움이 되지 않는다.

이 책은 두 집단이 서로에 대해 내리는 이와 같은 평가가 어디에서 파생된 것일까에 대한 의문에서 시작되었다. 저자들은 이와 같은 궁금증을 해결할 실마리를 남한사람과 북한주민들의 공·사적 관계의 범위와 각 관계에서의 행위코드가 서로 다르기 때문일지도 모른다는 가설에서 찾았다. 이 책은 북한주민들의 공·사적 관계망의 크기와 범위, 공·사적 관계에서의 의사소통과 감정표현, 공적 맥락에서의 의사소통 방식 등을 탐색함으로써 북한주민들의 표면적으로는 이중적으로 보일 수 있는 행위 뒤에 면면히 흐르는 사고와 행위의 일관성과 의미를 발견하고자 했다. 북한주민들이 보이는 공·사적 관계의 특성과 그 관계에서의 행위코드를 이해함으로써 우리는 남한사람들을 보는 북한주민들의 시각을 이해할 수 있다. 그리고 한 걸음 더 나아가 북한주민들의 시각을 통해 우리 자신이 가지고 있는 공·사적 관계의 특성과 그 속에서 채택하는 행위코드에 대해서도 객관적 시각으로 이해할 수 있을 것이다.

저자들은 이번에 발간되는 『탈북인의 공·사적 관계와 의사소통』을 비롯한 여러 편의 저서들이 작게는 남한에 거주하는 탈북인들의 적응과정에서 필요한 심리·사회적 통합에 기여할 것으로 생각한다. 나아가 이 저서들이 남한 내에서 남한사람과 탈북인들 간의 사회통합, 장기적으로는 통일 후 북한주민과 남한주민들 간에 이해를 촉진하고 사회적 통합을 이루어내는 데 기여하기를 기대한다.

그동안 이와 같은 일련의 연구가 수행될 수 있도록 지원해주신 서울대학교 통일평화연구원과 이러한 연구결과가 많은 사람들과 공유되도록 출판을 허락해주신 서울대학교출판문화원에 감사드린다.

2011. 11. 관악에서

저자들

차례

표차례

그림차례

제1장

서론

1. 문제제기

의사소통은 사회적 관계에서 의미를 창출하고 공유함으로써 자아와 타자를 연결하는 과정이다. 사람들의 의사소통과 사회적 행위는 자아와 타자의 구분, 내가 속한 집단과 속하지 않은 집단에 대한 준거와 밀접하게 관련되어 있다. 내가 속한 집단(혹은 '우리')과 속하지 않은 집단(혹은 '그들')은 내집단(ingroup)과 외집단(outgroup)으로 통칭되는데, 내집단과 외집단 사이의 경계는 다양한 준거 기준에 의해 구분되거나 설정된다(Tajfel · Billing · Bundy · Flament, 1971). 학자들은 내외집단을 구분하는 준거, 내집단에 대한 호의성과 같은 특성, 내집단에의 소속감과 자아개념, 외집단에 대한 편견 등과 같은 주제에 대해 많은 연구를 해왔다.

내외집단을 구분하는 사회적 준거는 관계의 공사(公私) 구성과도 관련이 있다. 공적인 관계와 사적인 관계를 구분하는 준거는 때론 지도의 경계선처럼 명확하게, 때론 유연하고 모호하게 이루어진다. 내외집단을 구분하는 사회적 준거가 맥락에 따라 변화하듯이, 관계의 공사 구성 역시 맥락에 따라 변화할 수 있다. 사회적 관계의 공사 구성은 인지적으로 해석되며, 상호작용의 내용과 범위를 결정한다. 공적인 관계에서 허용되는 행위와 사적인 관계에서 허용되는 행위는 다르며, 노출되는 정보의 유형과 양에도 차이가 있다.

사회적 관계의 공사 구성은 사회적 행위의 공간성과도 관련이 깊다. 관계나 공간의 공사적 인식은 서양에서는 근대에 와서 시작되었다. 아리에스와 뒤비(Ariès & Dubu)의 『사생활의 역사』에서 나타나듯이 주거 구조의 공개된 공간이 밀폐된 공간으로 변화했다는 사실에서 사적 공간에 대한 인식의 변화를 엿볼 수 있다. 17세기 말까지는 주거 공간 중 사적 행위와 관련된 공간이 공개되어 있었으며 은밀성을 가지지 않았다. 이때까지는 임금의 대소변 행위가 공개되듯이 주거 공간 중에서 침실이 거실처럼 공개되었다. 자본주의가 발전하고 산업 발달로 인한 경제적 풍요 위에서 개인의 권리와 특성을 포함한 개인주의가 발전되었다고 한다면, 공·사적 관계와 공간에 대한 인식은 개인주의의 발전과 깊은 관련이 있다.

그렇다면 인간의 인지도 속에서 공적 관계에 대한 인식은 자기 인식에 그칠 것인가? 그렇지 않은 듯하다. 공적 영역에서 인간은 공개된 자기의식을 가지고 사회적으로 요구된 당위자아의 수용과 그 역할에 몰두하는 경향이 있다(이순형, 2010). 직장이나 학교 등 공적 영역에서는 관습적으로 기대되는 인물상을 수용하고 그에 부여된 역할을 인지하고 수행하는 것은 드문 일이 아니다. 직장에서 직장인으로서의 일에 대해 중요성을 인정하고 공적으로 요구되는 가치를 내면화할 뿐 아니라 직장인으로서 기대된 역할을 수행한다. 학교에서도 마찬가지로 학생이나 교사는 그 직위에 부여된 역할을 인지하고 그 역할을 수행하는 것이다. 개인은 공적 공간에서 요구되는 일을 규범적으로 수용하고 수행한다.

사회적 관계와 영역에 대한 인식 차이는 실제 개인이 경험한 사회문화적 환경의 차이에서 연유할 수 있다(Bronfenbrenner, 1979). 어떤 관계를 공적인 관계로 인식하는지, 혹은 사적인 관계로 인식하는지는 개인적 경험에 의해서만 결정되는 것이 아니라 그 사회가 가지고 있는 정치경제적, 문화적 전통에 기인한다. 공·사적 관계의 경계나 구성 자체도 사회문화적 환경에 따라 달라질 수 있으며, 각 영역에서의 규범 역시 사회문화적 환경에 따라 다르다. 공적 영역에서 기대되는 규범과 규율의 엄격성과 경직성이 어떠한지, 그리고 위계에 대한 인식이 어떠한지, 권위 체계가 얼마나 사람들에게 두려움을 주는지 아닌지에 따라서 공적 영역에 대한 인식이 달라질 수 있을 것이다. 마찬가지로 사적 관계와 영역에 대한 인식 역시 사회문화적인 규범과 환경에 따라 달라질 수 있다. 성장과정동안 경험하는 가족과 또래관계 등 미시적인 하위 체계에 사적인 의미를 얼마나 부여하는지 역시 거시적인 사회문화적 환경에 따라 다르다.

이러한 사회문화적 경험은 그 사회의 이념, 정치제도, 민주화 여부, 언론의 자유 정도 등에 따라서 달리 이루어질 수 있으며, 이러한 사회문화적 경험이 개인의 공·사적 관계와 영역에 대한 인식에 차이를 가져올 수 있다. 자유주의, 자본주의, 민주주의 등 개인의 권리, 재산과 자유가 보장되는 사회에서 성장한 사람의 공사 인식과 규격주의, 공산주의, 통제주의 등 개인의 권리가 집단의 공동목표라는 명분으로 억압되고 자유의지가 통제되며 재산이 공동 소유되는 사회에서 성장한 사람의 공·사적 공간 인식은 서로 다를 것이다. 만약 누군가 전자의 사회공간에서 후자의 사회공간으로 이동했다면 사회적 관계와 영역에 대한 공·사적 인식은 어떻게 달라질 것인가? 이에 대한 연구는 별로 이루어진 바가 없어서 참고할 수 있는 자료나 연구가 전무한 상태이다. 역사적으로 사회문화적 특성이 다른 공간으로의 이농이 개인이나 가족단위로 이루어진 적은 있었지만 집단 이동의 사례는 드물다. 독일 통일의 경우에서 볼 수 있었고, 현재 우리 사회에 탈북인의 이동이 분명한 사례라고 하겠다. 탈북인은 통제사회인 북한에서 자유사회인 남한으로 이동한 경우이다. 그런 의미에서 탈북인에 대한 연구는 사회문화적 배경이 다른 사회 구성원들의 공·사적 세계에서의 관계성과 인식을 탐구할 수 있는 중요한 방법이 된다.

사회문화적 배경이 개인의 공·사적 세계 구성과 행위에 미치는 영향은 두 가지 측면에서 찾아볼 수 있다. 먼저 사회적 관계와 영역에 대한 사회적 규범은 개인의 인지, 추론 및 판단과정에 영향을 미친다. 집단적 수준에서의 각 영역의 특성은 개인의 자유도 및 권리 수준에 대한 인식에 영향을 미치며, 개인적 수준에서 나타나는 사회적 관계와 행위에 대한 지각, 수용 및 인지과정에 차이를 가져올 수 있을 것이다. 예를 들어, 공적 영역에서의 규범이 느슨하고 개인의 자유나 권리에 대한 수용성이 높으면, 개인은 자유롭고 예측하기 어려운 방식으로 반응할 수 있을 것이다. 반면 공적 영역에서의 규범이 엄격하고 개인의 자유나 권리에 대한 통제 수준이 높으면 개인은 일관되고 예측 가능한 방식으로 반응할 것이다.

이러한 공적 영역의 속성은 사적 영역에도 영향을 미칠 수 있다. 공적 영역에서의 규범이 강하지 않다면 사적 영역과의 차별성이 크지 않고 경계가 모호해질 수 있다. 공적 영역에서 허용되는 행위와 사적 영역에서 허용되는 행위가 크게 다르지 않을 것이며, 공적 영역에서의 사회적 관계와 사적 영역에서의 사회적 관계가 크게 다르지 않을 것이다. 반면, 공적 영역에서의 규범이 엄격하다면 이와는 구분되는 영역으로서의 사적 영역과 관계성에 대한 욕구가 차별화될 것이며 공·사적 세계의 경계가 더욱 명확하게 유지될 것이다. 공적 세계에서의 관계성이나 행위와는 다른 관계성과 행위가 사적 영역에서 만들어지고 유지될 것이다.

또한 공·사적 세계에 대한 사회문화적 기대는 구성원의 사회 적응에 영향을 미친다. 집단적 수준에서의 공사 구성에 대한 규범과 개인적 수준에서의 수용이 일치하지 않는 경우가 그것이다. 개인이 인지하는 공사 구분이 집단적 수준에서의 공사구분과 일치될 때 인지와 현실, 두 세계에서의 행동양식은 일치한다. 반면에 개인이 인지하는 공사 구분과 현실적으로 기대되는 공사구분과 불일치할 때 개인의 부적응 현상이 나타날 수 있다. 예를 들어, 사적 세계에서 허용되는 행위를 공적 세계에서 나타내거나, 반대로 공적 세계에서 기대되는 행위방식을 사적 세계에서 표현하는 경우도 있을 수 있다. 이러한 불일치는 사회의 행위 규범을 개인이 잘못 해석하거나 규범을 수용하지 못한 경우에 발생하며, 이런 불일치 정도가 높을수록 개인의 행동양식은 일반적인 현실에서의 행동과 달라 다른 사람들로부터 부정적인 평가를 받게 된다.

이 연구는 사회문화적 환경에서 비롯되는 사회적 관계의 구성, 상호작용

방식, 내외집단의 구분이 공·사적 세계에 대한 개인들의 인식을 결정하는 데 중요한 요인이라고 본다. 개인이 속한 사회문화적 환경이 달라질 경우 공·사적 세계에서 허용되는 행위방식, 감정표현방식, 의사소통방식 등이 어떻게 달라지며, 그 영향은 무엇인지를 알아보고자 한다. 사회구성원으로 경험하는 집단적 수준에서의 경험과 개인 경험사(經驗史)에 따라서 공-사세계의 구성과 인지의 변화를 살펴보는 것은 학문적으로나 실천적으로나 중요한 의의를 가질 것이다.

2. 연구 목적 및 연구 문제

이 연구는 북한주민들과 탈북인의 사회적 관계에서의 상호작용 방식에 대한 관심에서 출발하였다. 탈북인의 증가가 사회통합에 미칠 영향에 대한 많은 선행연구들이 지적하는 바와 같이 탈북인들은 남한사회에의 적응과정에서 어려움을 겪고 있으며, 이 과정에서 탈북인들이 체감하는 박탈감과 차별의식은 크다. 탈북인이 사회적응과정에서 겪는 어려움은 여러 영역에서 발생하는데 특히, 남한에서의 인간관계에서 경험하는 탈북인의 어려움은 주목할 만하다. 탈북인들은 남한주민들이 '이중적'이라고 말한다. 겉과 속이 날라서 겉으로는 친절하고 호의적으로 보이지만 속으로는 진정으로 도와주려는 마음은 없다고 말한다. 남한에 온 지 얼마 되지 않은 탈북인들은 친절하고 호의를 보이는 남한주민들에게 다가갔다가 실망이나 상처를 입기 쉽다고 이야기한다.

그런데 흥미로운 사실은 남한주민들도 북한주민들의 '이중성'에 대해 말한다는 점이다. 이는 대북 경험이 있는 남한의 민간단체 종사자들, 관료, 그리고 기업인들이 공통적으로 언급하는 현상이다. 흔한 예로, 북측 당사자들은 공적인 자리에서 매우 강경하게 자신들의 요구를 내세우고 서로 합의한 사항에 대해서도 나중에 입장을 쉽게 바꿀 뿐 아니라, 그럴 때 종종 명백한 거짓말로 이유를 둘러댄다는 것이다. 또한 공적 관계에서는 매우 적대적인 모습을 보이다가 사적인 자리에서는 친근하고 인정이 많은 따뜻한 모습을 드러낸다는 것이다. 대북 경험이 있는 사람들은 공통적으로 북한 측 당사자들이 공적인 맥락과 사적인 맥락 사이에서 행위 방식이 급격히 달라지며, 이로 인해 북측과의 의사소통과 신뢰관계 구축에 상당한 어려움을 겪는다고 말한다. 몇 년을 같이 일해도 북한 측 당사자들이 각 맥락에서 어떻게 나올지를 예측하기가 매우 어려운 것이 바로 북한주민들의 이중성 때문이라는 것이다.

탈북인들과 상호작용한 경험이 있는 남한주민들 역시 또 다른 '이중성'을 지적한다. 그들에 따르면, 탈북인들은 한편으로는 매우 권위주의적이고 가부장적인데, 다른 한편으로는 수평적이며 평등주의적이다. 냉정하게 보일 정도로 감정을 억제하는가 하면, 따뜻하고 순박한 정이 있다. 내면의 의도를 전혀 드러내지 않는가 하면, 매우 솔직하고 직설적으로 자신의 생각을 전달한다. 또한 격식과 예의를 차리는가 하면, 때로 무례한 행동을 하기도 한다. 공동체적 가치를 늘 주장하면서 실제로 다른 사람들을 배려하지 않고 행동하기도 한다.

이렇게 남북한주민들이 상호작용 과정에서 상호간에 느끼는 이중성은 어떤 배경에서 나오는 것인가? 이러한 언급들은 단순히 관찰자들의 선입견에서 비롯된 것인가? 남북한 주민들의 단절된 역사와 문화에서 비롯된 것인가? 연구자들은 이러한 이중성이 인지상의 구조와 현실의 행위방식 사이에 괴리, 내외집단을 구분하는 준거의 차이, 공사 관계를 구성하고 해석하는 방식의 차이, 공사 관계에서 자기 자신을 노출하는 방식과 내용의 차이 등에서 비롯되는 것이라 생각했다. 우리는 북한주민들이 일상생활에서 주고받는 의사소통과 정서 표현이 남한주민들과 어떤 면에서 유사하고 또 다른지를 살펴봄으로써 모순처럼 보이는 이러한 현상들이 정확히 무엇을 의미하는지, 그것이 북한주민들의 사회관계적 특성에 어떤 실마리를 제공하는지를 보고자 하였다.

북한에서의 사적 세계는 서구적 의미의 사적 세계와 그 성격이 다르다. 서구 사회의 사적 세계는 개별성과 권리를 가진 주체인 개인들이 국가나 가족과 같은 제도로부터 자유롭게, 사적인 생활을 영위하는 영역인 데 반해, 북한에서는 그러한 개별적 존재로서의 개인이 발견되기 어렵다. 북한에서는 사적 세계의 단위가 개인이라기보다는 공동체, 특히 가족공동체인 것으로 여겨진다. 이는 북한사회가 여전히 근대 이전에 형성된 공동체의 전통을 강하게 유지하고 있기 때문이다. 다시 말하면, 북한은 자유로운 개인들이 모인 시민사회의 형성을 경험하지 못한 채 전체주의적인 정치체제 속에서 전통적인 공동체성을 상당한 정도로 유지하고 있는 모습이라 할 수 있다.

북한의 전통적인 공동체성은 사회주의 이데올로기에 의해 의도적으로 강화되어 온 측면도 있다. 북한은 발생 초부터 사회주의 대 가정(大家庭) 건설을 목표로 내세우고 있다(박현선, 2003). 봉건적 제도와 질서로부터의 개인 해방을 강조하는 사회주의의 기본정신과, 전통적 가족을 대표적인 봉건제도의 예로 보면서 타파 대상으로 삼던 초기 사회주의의 접근을 고려해 볼 때 사회주의 대 가정 건설이라는 북한의 목표는 다소 모순적이다. 북한에서는 명시적으로는 가정의 혁명화를 위해 가족주의를 지양하고자 하였으나, 실제로는 가족의 구조와 은유 위에 정치체제를 확립하였고, 가부장적 사회주의로 명명될 수 있을 만큼 공적으로나 사적으로나 가부장적 가족주의를 중요한 정치 사회체제의 운영기제로 삼았다(박현선, 2003; 이기춘 외, 2001; 찰스 암스트롱, 2006). 이러한 점에서 북한의 전통적 가부장제에 토대한 공동체성은 독특한 의미의 사회주의 이데올로기에 의해 강화되었다고 보겠다.

이처럼 북한은 서구적 의미의 사적 세계와 영역을 경험한 적이 없다. 사회구조의 변화가 제도적으로 발생하지 않는 사회에서, 그러한 사회적, 집단적 경험이 없는 북한주민들의 사회의식이나 공·사적 인식이 어떠한 상태로 발달하는가는 의문이 아닐 수 없다. 북한주민의 대인관계에 대한 인식이나 인지도에서 행위방식이 어떻게 자리 잡고 있는지도 의문이다. 공·사적 관계의 경계는 어떻게 인식되는지, 공적 관계에서의 감정교류방식이나 의사소통방식이 사적 관계에서 변화되는지, 아니면 그대로 유지되는지, 사적 관계에서 독특한 감정교류방식이나 의사소통방식이 개발되고 유지되는지도 의문이다.

탈북인은 북한사회에서 남한사회로 이동하여 시민사회가 사회제도적으로 유지되는 방식의 차이를 충격적으로 경험한 사람들이다. 탈북인에 대한 연구는 두 가지 측면에서 중요한 의의를 갖는다. 먼저 탈북인은 공·사적 세계가 서로 다르게 구성되어 있는 사회를 경험한 사례를 제공하며, 이러한 사회제도 및 생활방식의 차이가 개인의 대인 관계에 대한 인식과 행위 방식에 어떻게 영향을 미치는지를 살펴볼 수 있는 기회를 제공한다. 북한에서의 경험과 남한에서의 경험을 비교할 수 있고, 이러한 차이가 사회구조적 차이에서 비롯된 것인지를 추정해 볼 수 있다. 또한 탈북인의 경험을 통해 북한사회주의에서 강조되어 온 공적 관계에서의 행위방식이 남한 자본주의 사회에서 변화하였는지를 살펴볼 수 있다. 사회구조적인 변화가 탈북인들의 공·사적 관계에 대한 인식의 변화, 행위방식의 변화를 초래했는지를 살펴봄으로써 사회적 체험의 영향을 고찰할 수 있을 것이다. 이러한 연구를 통해 우리는 남북한 주민들의 소통의 문제를 해결할 수 있는 실마리를 찾을 수 있을지 모른다.

이러한 이유에서 탈북인 연구를 통해 북한주민들이 일상적 생활세계에서 부딪히는 관계에서 어떤 방식으로 소통하는지를 통해 이들의 공·사적 세계의 분리방식과 각각의 맥락에서 따르는 행위방식에 대하여 알아보고자 한다. 이를 위해 연구자들은 공·사적 맥락을 변별할 수 있거나 남북한사회의 차이를 보여줄 수 있는 행위 양식을 선정하고 탈북성인, 탈북청소년, 남한성인들을 대상으로 각각 조사한 후 이들의 특성을 대비시키는 방법을 사용하였다. 그렇게 함으로써 남북한 사람들이 서로에게 느끼는 이중성, 불신, 그리고 거리감의 근원을 찾아볼 수 있을 것이다. 서로의 차이가 어디에서 비롯되는지를 이해하는 과정은 남북한주민의 심리적 거리감을 해소하고 사회적으로 서로 통합되는 과정에서 필수적으로 이루어져야 할 과정이기 때문이다.

그동안 탈북인들의 사회적 관계에 대한 선행연구들이 없었던 것은 아니다. 여러 연구들이 탈북인의 사회관계망의 구성이나 특성에 대해 주목할 만한 결과들을 보여주었다. 탈북인의 사회관계망에 대한 연구들은 탈북인들의 사회관계망이 어떻게 구성되었는지를 보여주었고(김미령, 2005; 박연숙, 2007), 사회관계망이 탈북인의 사회적응과 정신건강에 어떻게 기여하는지를 밝혔다(송지준, 2005; 이소래, 1996; 이순형 · 조수철 · 김창대 · 진미정, 2007; 진미정 · 이순형 · 김창대, 2009). 박윤숙(2007)의 연구에서는 197명의 탈북청소년을 조사하였는데, 사회적 지지망의 크기를 '만족할 만한 지지를 제공하는 사람들의 수'로 측정한 결과 사회 지지망의 평균 크기는 2.1명으로 조사되었다. 이들의 사회 지지망 유형을 공식적 지지망(교사, 종교관계자, 민간단체 실무자 등)과 비공식적 지지망(가족, 친구, 공동체가족 등)으로 구분하였을 때 공식적 지지망보다 비공식적 지지망이 상대적으로 더 큰 비중을 차지하고 있음을 보여주었다. 이순형 외(2007)의 연구에서도 탈북인들이 누구와 가깝게 지내는지를 통해 사회관계망을 구성하는 사람들을 조사하였는데, 조사결과 일차적으로 가족을 중심으로 관계망이 형성되고, 가족을 제외한다면 하나원 동기나 고향사람 등 탈북인들 간의 관계망을 가장 활발하게 형성하는 것으로 나타났다. 이러한 탈북인의 비공식적 지지망의 크기는 비행과 일탈수준, 우울과 불안, 정서적 적응에 부적으로 관련되는 반면 문화적응과 가족관계 만족도에는 정적으로 관련되고(이소래, 1996), 우울성향과 부적으로 관련되며(송지준, 2005), 탈북인의 사회문화적 적응 문제와 부적인 상관관계를 보여 적응을 돕는 요인이 되거나 문제를 해결하는 데 활용되는 자원의 역할을 한다(이순형 외, 2007). 그러나 이 연구들은 주로 탈북인의 사회관계망의 기능과 효과에 초점을 맞추고 있어서 이러한 사회관계망 안에서 탈북인들이 어떤 방식으로 공 · 사적 경계를 인식하고 있으며, 그 경계에 따라 행위와 감정의 소통방식이 어떻게 달라지는지를 탐색하지는 않았다.

따라서 북한주민과 남한주민의 공 · 사적 관계의 구성, 공 · 사적 관계에 따른 의사소통 양식을 비교하여 그 유사성과 차이점을 밝히는 연구를 시도할 필요가 있다. 북한주민에 대한 직접적인 관찰이 불가능하기 때문에 현재 한국에 와 있는 탈북인들을 대신 조사하고자 한다. 앞서 언급하였듯이 탈북인들은 북한사회에서 남한사회로 이동하였기 때문에 사회제도적 차이로 인한 경험의 차이를 밝혀줄 수 있는 연구대상이다. 탈북인들이 현재 북한에서 거주하는 주민을 대표할 수 없다는 것은 선행연구들을 통해 여러 차례 지적된 바, 북한 주민들의 대인인식과 행위 양식을 명확히 밝힐 수 없는 제한점은 있지만 이들의 사회이동경험으로 인해 북한 행위방식이 어떻게 변화될 수 있는지를 알려줄 수 있다는 점에서 의미가 있다. 따라서 북한주민을 직접 조사할 수 없다는 현실적 제약 이외에 사회이동으로 인한 변화를 밝혀줄 수 있는 자원이라는 이유에서 탈북인들이 중요한 위치를 점한다고 볼 수 있다. 그러므로 탈북인들의 경험을 통해 간접적으로 북한사회를 조명하는 연구방법을 취하고자 한다. 이들의 인식과 행위 양식이 제3국을 거쳐 남한에 오는 과정에서 변형된 것은 사실이겠지만 소통 방식과 감정 표현 양식이 기본적으로 아동기에 사회화되는 것이라고 볼 때 탈북인들의 경험은 북한사회의 특성을 어느 정도 반영한다고 볼 수 있을 것이다. 특히 탈북인의 경험을 서로 다른 발달단계에 있는 대상들의 비교를 통해 대비시켜 본다면 이 경향성을 좀 더 명확히 파악해 볼 수 있을 것이라는 기대 하에 탈북성인과 탈북청소년들의 소통방식을 비교해 볼 수 있다. 성인이 된 이후에 탈북한 경우와 사회화시기에 탈북한 경우를 대비시켜본다면, 서로 다른 발달적 시기에 경험한 바가 이들의 상호작용이나 소통 방식에 미치는 영향을 파악하는 데 도움이 될 것이다.

북한 연구에서 남북한사회의 통합이라는 명제는 빈번하게 제기되는 만큼 다소 진부하게 느껴질 수도 있다. 그렇다고 그 중요성을 간과할 수는 없다. 남북한 사람들이 서로 이중적이라고 느끼는 경험은 서로에 대한 불신과 불만으로 발전할 수 있으며, 이는 남북한사회의 사회자본 수준을 저하시키고 통합을 저해하는 요인이 될 수 있다. 이 연구를 통해서 남북한 주민들이 서로에게 느끼는 거리감이 어디서 비롯되는가, 일상생활의 다양한 관계 속에서 수용되거나 혹은 수용되지 않는 행위는 어떤 것인가, 사적인 관계와 공적인 관계에서 표현될 수 있는 언어적, 비언어적 감정은 어떤 것인가, 학교와 직장이라는 공적 맥락에서 이루어지는 의사소통 양식이 부모, 형제, 친구 같은 사적인 관계에서 이루어지는 의사소통 양식과 어떻게 관련되는가를 파악함으로써 남북한 주민들의 소통과 통합에 기여할 수 있는 정보를 제공하기를 기대한다. 따라서 이 연구에서 탐색하는 연구문제는 구체적으로 다음과 같다.

1. 탈북인과 남한주민의 공·사적 관계는 어떠한 요소로 구성되는가?

2. 탈북인의 공·사적 관계에서 수용되는 주요 행위 양식(예: 감정표현방식, 의사소통양식 등)은 무엇이며 남한주민의 그것과 어떻게 다른가?

3. 탈북인의 공·사적 관계에서 수용되는 주요 행위 양식(예: 감정표현방식, 의사소통양식 등)은 심리사회적 요인들과 어떤 관계가 있는가?

4. 공적 관계(학교, 직장)에서 이루어지는 의사소통 양식에 대한 탈북인의 지각은 어떠하며, 남한주민의 지각과 어떻게 다른가?

5. 탈북인의 공·사적 관계에서 수용되는 주요 행위 양식(예: 감정표현방식, 의사소통양식 등)은 생활이 이루어지는 상황, 개인의 발달단계, 그리고 사회체험에 의해 학습 및 변화하는가?

3. 연구 절차

이 연구는 탈북성인을 대상으로 연구를 하되, 이들의 경험을 보다 두드러지게 보여줄 수 있도록 탈북성인과 남한성인을 함께 조사하였다. 또한 탈북성인들의 특성이 북한주민의 경험을 어느 정도 반영하는 것인지를 알아보기 위하여 생애의 발달단계가 다른 탈북청소년들을 조사하였다. 서로 다른 발달단계에 위치한 탈북인들의 경험을 대조해봄으로써 이들의 인식과 행위 양식이 어느 시기에 사회화되는지, 사회화된 특성이 얼마나 오랫동안 지속되는지, 탈북 이후의 경험에 따라 대인관계 인식과 의사소통 양식이 달라지는지 등을 간접적으로 파악해 볼 수 있다.

조사는 자기 보고식 설문조사의 양식을 취하였다. 설문조사를 위하여 탈북성인 및 청소년의 경우는 관련 기관의 도움을 받아 행정안전부 소속 이북 5도위원회 내의 프로그램에 참여하고 있는 탈북인과 탈북인 단체 회원을 중심으로 조사를 실시하였다. 설문조사를 위한 설문지는 남한성인용과 탈북성인용을 각각 구성하였다. 탈북성인용 설문지의 경우, 문항에 대한 내용 구성의 적절성 및 타당성을 검토하기 위해 두 차례의 예비조사를 실시하였다. 1차 예비조사는 2009년 3월 3일 이북5도위원회에서 만난 탈북성인 1인을 대상으로 실시하였으며, 이를 근거로 질문지를 수정, 보완하여 2009년 5월 7일부터 5월 25일까지 탈북인이 많이 출석하는 한 교회를 통해 16명을 대상으로 2차 예비조사를 실시하였다. 예비조사 시행 결과 및 분석을 통해 측정도구를 최종 수정하여 본 조사를 실시하였다.

본조사로 탈북성인과 남한성인을 대상으로 설문조사를 실시했다. 탈북성인 대상 조사는 총 400부를 배포하여 최종 369명(남성 116명, 여성 244명)의 설문을 회수하였고, 남한성인은 총 350부를 배포하여 271명(남성 107명, 여성 163명)의 설문을 회수하였다. 남한성인용 설문지는 탈북성인용 설문지 중 탈북성인에게만 해당하는 내용, 즉 북한사회에서의 상황과 관련된 내용을 제외하고 동일한 문항으로 구성하였다. 본 조사는 남한성인과 탈북성인을 대상으로 각각 실시하였으며, 탈북성인은 2009년 6월 8일부터 7월 2일까지 약 한 달간 남녀 기혼자를 대상으로 실시하였고, 남한성인은 2009년 7월 6일부터 7월 22일까지 16일간 실시하였다.

탈북청소년의 경우에는 2009년 8월 탈북청소년을 위한 기숙형 학교인 한겨레 중·고등학교에 재학 중인 고등학생 120명을 대상으로 면접과 설문조사를 실시하였다. 방학 중이었던 연구 당일 학교 기숙사에 머무르고 있던 120명의 고등학생을 대상으로 이루어졌다. 수거된 설문지 중 내용 일부가 누락되거나 결본이 생긴 18부를 제외한 총 102부가 분석대상으로 사용되었다.

4. 연구 대상

이 연구의 대상은 크게 탈북성인, 남한성인, 그리고 탈북청소년으로 구분된다. 사적 관계에서 부모, 배우자, 자녀 등 가족관계에 대한 내용이 중요한 비중을 차지하기 때문에 탈북성인과 남한성인의 경우에는 한 번이라도 결혼한 적이 있는 기혼자를 대상으로 하였다.

1) 탈북성인 및 남한성인

탈북성인과 남한성인 전체를 포함한 응답자는 결측치를 제외하고 총 640명이며, 그중 탈북성인은 369명, 남한성인이 271명이다. 탈북성인 응답자 369명 중 남성은 116명(32.2%), 여성은 244명(67.8%)을 차지했으며, 남한성인의 경우는 남성이 107명(39.6%), 여성이 163명(60.4%)을 차지해 두 집단 모두 여성 응답자가 상대적으로 많이 조사되었다(표 1-1 참조).

탈북인의 경우 40대가 99명(27.4%)과 60대가 95명(26.3%), 30대가 91명(25.2%)의 순서로 많았고, 20대(6.6%)와 50대(14.4%)가 상대적으로 적게 표집되었다. 이에 비해 남한성인은 30대(38.8%)와 40대(26.9%)가 많이 표집된 반면, 60대(5.0%)가 매우 적게 표집되어 연령대가 다소 다르게 분포되었다. 이 연구에서 관심을 가지고 있는 소통 방식이나 감정 표현은 성별과 연령에 따라 다르게 나타날 수 있기 때문에 남북한을 비교하는 추후 분석에서는 성별과 연령을 모두 통제하였다.

탈북인과 남한성인은 직업에서도 차이를 보였는데, 남한성인은 사무·기술직이 가장 많은 분포(40.1%)를 차지하였고, 탈북인은 무직(전업주부 포함 36.2%)과 일반 작업직(29.7%)이 65.9%를 차지하였다. 주관적으로 평가한 경제사정의 경우, 남한성인은 중류층(61.3%)이라고 대답한 응답자가 높은 반면, 탈북인은 남한에서의 경제사정에 대해, 빈곤층(65.3%)이라고 대답한 경우가 가장 많아 경제적 형편을 지각하는 정도에서 또는 실제 경제 사정에서 서로 간의 격차

표 1-1 조사대상자의 일반적 특성

구분		탈북성인(n=369)	남한성인(n=271)
성별	남	116 (32.2)	107 (39.6)
	여	244 (67.8)	163 (60.4)
연령	20세 이상 29세 이하(20대)	24 (6.6)	24 (7.7)
	30세 이상 39세 이하(30대)	91 (25.2)	101 (38.8)
	40세 이상 49세 이하(40대)	99 (27.4)	70 (26.9)
	50세 이상 59세 이하(50대)	52 (14.4)	56 (21.5)
	60세 이상(60대 이상)	95 (26.3)	13 (5.0)
직업	농업 · 어업 · 임업	7 (2.2)	1 (0.4)
	자영업	12 (3.7)	22 (8.2)
	서비스직 · 생산직	45 (13.9)	31 (11.6)
	일반작업직	96 (29.7)	6 (2.2)
	사무 · 기술직	22 (6.8)	107 (40.1)
	전문직	4 (1.2)	24 (9.0)
	무직	117 (36.2)	65 (24.3)
	학생	20 (6.2)	11 (4.1)
자녀수	0	20 (6.3)	18 (7.5)
	1	84 (26.3)	50 (20.8)
	2	93 (29.2)	143 (59.6)
	3	69 (21.6)	25 (10.4)
	4	29 (9.1)	3 (1.3)
	5명 이상	24 (7.5)	1 (0.4)
경제사정**	빈곤층	230 (65.3)	6 (2.2)
	중하층	96 (27.3)	64 (23.8)
	중류층	23 (6.5)	165 (61.3)
	중상층 이상	3 (0.9)	34 (12.6)
출생지 (남한)	서울		75 (28.7)
	인천 · 경기		57 (21.8)
	충청도 · 대전광역시		48 (18.4)
	전라도 · 광주광역시		36 (13.8)
	경상도 · 대구 · 부산 · 울산광역시		32 (12.3)
	강원도		9 (3.4)
	제주특별자치도		4 (1.5)
출생지 (북한)	평안도	29 (8.0)	
	함경도	253 (69.9)	
	황해도	6 (1.7)	
	강원도	16 (4.4)	
	자강도	5 (1.4)	
	양강도	18 (5.0)	
	기타	35 (9.7)	

* 결측치로 각각의 빈도수에는 다소 차이가 있음

** 탈북인의 경우 현재 남한에서의 경제사정임

가 심함을 알 수 있다. 응답자의 출생지는 남한성인의 경우, 강원도와 제주특별자치도를 제외하고 수도권(50.5%)을 중심으로 각 도, 광역시(44.5%)에 고르게 분포된 반면, 탈북인은 함경도가 69.9%로 월등히 높은 것으로 나타났다.

이 연구의 초점이 탈북성인에게 있기 때문에 남한성인에 비해 탈북성인의 특성을 더 구체적으로 조사했는데, 그 항목에는 북한으로부터 탈북한 시기와 남한에 입국한 시기, 결혼한 국가, 제3국에서의 체류기간, 국가별 남아 있는 가족여부, 탈북하기 전 북한에서의 직업과 경제 사정 등이 포함된다. 이러한 항목에 대한 조사결과는 다음과 같다.

탈북인들의 탈북시기를 연도별로 살펴보면 〈표 1-2〉에서와 같이 1997년부터 상대적으로 그 수가 증가한 것으로 나타난다. 1997년 3.4%(12명)에서 2007년 6.8%(24명)에 이르기까지 전체 응답자 중 95.1%(334명)가 2002년 북한의 경제개혁을 기점으로 전후 4~5년 동안 지속적으로 탈북했음을 볼 수 있다.

조사대상이 된 탈북인들이 남한에 입국한 시기는 탈북 시기보다 약 4년 뒤에 상대적으로 증가하는 추세를 보인다. 특히 2006년부터 2008년까지는

표 1-2 탈북성인의 탈북시기

연도	합계 (%)
1996 이전	5 (2.4)
1997	12 (3.4)
1998	31 (8.8)
1999	19 (5.4)
2000	27 (7.7)
2001	36 (10.3)
2002	28 (8.0)
2003	44 (12.5)
2004	38 (10.8)
2005	28 (8.0)
2006	47 (13.4)
2007	24 (6.8)
2008	8 (2.3)
2009	1 (0.3)
전체	351 (100)

표 1-3 탈북성인의 남한 입국시기

연도	합계 (%)
1995	2 (0.6)
1999	2 (0.6)
2000	2 (0.6)
2001	14 (4.0)
2002	30 (8.7)
2003	22 (6.4)
2004	44 (12.7)
2005	31 (9.0)
2006	71 (20.5)
2007	61 (17.6)
2008	54 (15.6)
2009	13 (3.8)
전체	346 (100)

53.7%로 응답자의 절반 이상이 이 시기에 남한에 입국한 것으로 나타난다. 이러한 추세는 남한에 입국한 전체 탈북인 통계에서도 유사하게 나타난다. 2005년까지만 하더라도 한 해에 입국하는 탈북인 수는 1,500명 미만이었는데, 2006년부터 한 해에 입국하는 탈북인의 수가 2,000명을 넘어 급격하게 증가하기 시작하였다.[1] 또한 본 조사의 응답자가 이북 5도위원회나 탈북인 관련 단체를 통해 표집되었기 때문에 비교적 최근에 입국한 사람들이 많이 포함된 것으로 생각된다.

탈북 후 남한에 입국하기까지 제3국에 체류한 기간을 살펴보면, 전체 응답자의 56.7%가 2년 이상, 25.2%가 6개월 이상 1년 이하 등의 순으로 나타났다(표 1-4 참조). 즉, 탈북인의 절반 이상이 탈북 후 남한에 입국하기까지 2년 이상

1 탈북인의 연도별 입국 현황 (단위: 명)

구분	'99	'00	'01	'02	'03	'04	'05	'06	'07	'08	'09	합계
인원	1,095	312	583	1,139	1,281	1,894	1,383	2,018	2,544	2,890	2,927	17,984

자료: 통일부 홈페이지 자료실, 2010

표 1-4 탈북성인의 제3국 체류기간

제3국 체류기간	빈도 (%)
6개월 이하	55 (15.6)
6개월 이상 1년 이하	34 (25.2)
1년 이상 2년 이하	64 (18.1)
2년 이상	200 (56.7)
합계	353 (100.0)

표 1-5 탈북성인의 결혼장소

결혼 국가	빈도 (%)
북한	211 (83.7)
남한	12 (4.8)
제3국	29 (11.5)
합계	252 (100.0)

비교적 긴 시간 동안 제3국에서 생활했음을 알 수 있다. 이 시기의 대부분은 중국에서 보내게 되지만 중국을 무사히 탈출한 이후에도 태국, 몽골 등의 한국 영사관에서도 순서가 될 때까지 최소 6개월에서 길면 1년 이상을 보내게 되기도 한다(진미정 · 이순형 · 김창대, 2009).

탈북인 중 기혼자들을 대상으로 북한과 남한 중 어디에서 결혼을 하였는지를 조사한 결과 응답자 252명 중 이미 북한에서 결혼한 경우가 211명(83.7%)으로 절대적으로 높은 비율을 나타냈고, 제3국에서 결혼한 사람이 29명(11.5%), 남한에서 결혼한 사람이 약 5%로 나타났다(표 1-5 참조). 응답자들의 연령 중 30세 이상부터 60세 이상까지의 비율이 다수(93.4%)를 차지하는 것을 볼 때(표 1-1 참조), 이미 탈북하기 전 결혼적령기 이상에 도달한 사람이 많다는 의미로 해석이 가능하다.

응답자의 가족들이 북한, 제3국, 남한 중 어느 곳에 주로 살고 있는지를 알아보았는데 북한에 가족이 남아 있는 경우, 가족 중 일부만 있다고 한 경우가 55.8%로 가장 많았다. 제3국에 가족이 일부 혹은 전부 있다고 한 경우는 약 14%였으며, 제3국에는 가족이 없다고 한 경우가 대부분이었다. 이에 비해 남

표 1-6 탈북성인의 국가별 현존 가족

	빈도 (%)		
	북한	제3국	남한
가족 전부	79 (22.3)	2 (0.6)	40 (11.5)
가족 중 일부	198 (55.8)	43 (13.7)	136 (39.0)
친척만 있음	59 (16.6)	40 (12.7)	18 (5.2)
없음	18 (5.1)	229 (72.9)	155 (44.4)
합계	354	314	349

한에 함께 있는 가족을 분석한 결과, '없음(44.4%)'과 '가족 중 일부(39.0%)'가 있다고 응답한 비율이 유사하게 나타남을 알 수 있다. 가족 전체가 남한에 입국한 경우(11.5%)는 상대적으로 소수로 나타났다. 대부분의 응답자들의 경우 북한, 남한, 중국 등 제3국에 가족, 친척들이 흩어져 살고 있는 것을 알 수 있다.

탈북하기 전, 북한에서의 직업 및 경제 사정을 살펴보면 〈표 1-7〉과 같다. 먼저 직업의 경우 노동자로 근무한 비율이 48.1%로 전체 응답자 중 가장 많은 수를 차지했으며, 다음으로 사무원(20.3%), 협동 농장원(10.3%) 등의 순으로 나타났다. 한편 북한에서의 경제 형편은 빈곤층이 48.3%로 가장 높게 나타났으며, 중류층(26.9%), 중하층(18.9%)이 그 다음으로, 중상층 이상도 많지는 않지만 소수 나타남을 볼 수 있다. 이러한 결과로 볼 때, 이미 알려진 바와

표 1-7 탈북성인의 북한에서의 직업 및 경제 사정

북한에서의 일	빈도 (%)	북한에서의 경제사정	빈도 (%)
학생	13 (3.6)	빈곤층	174 (48.3)
군인	27 (7.5)	중하층	68 (18.9)
노동자	173 (48.1)	중류층	97 (26.9)
협동농장원	37 (10.3)	중상층	12 (3.3)
사무원	73 (20.3)	상류층	9 (2.4)
교사·교수	10 (2.8)		
당 소속	8 (2.2)		
무직	14 (3.9)		
기타	5 (1.4)		
합계	360	합계	360

같이 북한에서 노동자이거나 혹은 빈곤층이었던 다수가 경제적 문제, 생존문제의 해결을 목적으로 탈북을 결심, 남한으로 입국했을 가능성이 높음을 짐작할 수 있다.

2) 탈북청소년

탈북청소년의 경우에는 2009년 8월 한겨레 중·고등학교에 재학 중인 고등학생 120명을 대상으로 면접과 설문조사를 실시하였다. 방학 중이었던 연구 당일 학교 기숙사에 머무르고 있던 120명의 고등학생을 대상으로 이루어졌다. 수거된 설문지 중 내용 중 일부가 누락되거나 결본이 생긴 18부를 제외한 총 102부가 분석대상으로 사용되었다.

한겨레 중·고등학교는 탈북청소년들이 남한 입국 후 하나원[2] 생활을 마치면 가장 먼저 입학하게 되는 학교 중 하나이다. 설립목적과 운영방침에 따르면 탈북청소년들이 하나원 수료 후, 길게는 2년까지 한겨레 학교에서 생활하며 남한사회와 학교 문화에 적응하고 뒤떨어지는 학업을 보충한 후, 남한의 일반 학교로 전학가는 것을 목표로 하고 있다. 이 학교는 사립 중·고 통합 대안교육 특성화 자율학교로 분류되며 학교법인 전인학원이 부지 및 기본 건물을 설립하고, 운영비는 통일부에서, 건축비는 교육과학기술부, 인건비는 경기도 교육청에서 부담하고 있다. 인가를 받은 학생 수는 중학교 60명, 고등학교 60명 총 120명이지만, 현재 학생 수는 중학교 64명, 고등학교 134명으로 정원을 크게 넘어서고 있다. 재학생들은 모두 기숙학교에서 지내는 것을 원칙으로 하며, 세대별 기숙사에서 담당 교사와 함께 지내며 생활전반에 도움을 받고 있다.

---

2 하나원으로 알려진 북한이탈주민정착지원사무소는 1997년 제정된 「북한이탈주민의 보호 및 정착지원에 관한 법률」에 의해 설치된 사회적응 교육기관이다. 탈북인들은 하나원이라는 합숙시설에 거주하면서 10주 동안 초기 정착에 필요한 교육과 상담을 받는다.

표 1-8 탈북청소년이 경험한 외상사건

경험 시기	유형	비율(%)
북한 내 경험	공개처형 장면 목격	87.37
	가족, 친지의 기근목격	81.31
	식량부족	38.58
	심한 추위	28.06
북한 내·탈북과정에서 경험	성적모욕	2.56
	강간	2.53

출처: 한겨레 학교 내부자료. * 복수응답 허용

한겨레 학교는 재단과 국가의 지원을 안정적으로 받고 있는 탈북청소년을 위한 대안학교로서, 다른 유사기관에 비해 시설이나 환경이 매우 우수한 상태이다. 교육 프로그램도 일반 중·고등학교의 교육과정과 차별화하여 한글 표준어 교육, 컴퓨터 활용 능력 강화 등 탈북청소년의 필요를 고려한 특성화된 프로그램을 가지고 있으며, 졸업 이후 자활 능력을 키워 주기 위해 전문적인 직업교육 시간을 확보하는 데 주력하고 있다.

입학하기 전 학교 측에서 학생들을 상대로 조사한 자료에 따르면, 북한에서 혹은 탈북과정에서 대부분의 학생들이 외상사건을 경험하고 있는 것으로 나타났다(표 1-8 참조). 또한 학생들의 90% 정도가 부모가 모두 없거나 적어도 한 사람이 없는 가정에서 생활하고 있는 상황이라 이들의 정서적 안정을 위해 학교가 곧 가정의 역할을 수행하는 것이 필수적임을 학교 측은 강조했다.

이렇듯 물질적, 정신적 지원이 상대적으로 잘 이루어지고 있는 환경이어서 교사나 학생들의 학교에 대한 만족도가 매우 높았으며, 교사들이 탈북 학생들의 장점과 우수함을 피력하는 데 열성적인 모습을 보였다. 이러한 학교의 특수성으로 인해 이곳에서 만나서 조사에 응답한 탈북청소년들이 남한에서 살고 있는 탈북청소년들을 모두 대표하는 것이 아님을 염두에 두어야 한다.

연구에 참여한 탈북청소년의 성별과 연령분포는 〈표 1-9〉와 같다. 참여 학생 중 남자가 48명(47.1%), 여자가 54명(52.9%)으로 성비는 비슷한 편이다. 연령은 북한에서의 사회·경제적 여건과 탈북과정 중 교육기회 제한 등으로 인

표 1-9 탈북청소년의 성별과 연령

변수	구분	빈도 (%)
성별	남자	48 (47.1)
	여자	54 (52.9)
	계	102 (100)
연령(만)	15세	1 (1.0)
	16세	7 (6.9)
	17세	20 (19.6)
	18세	35 (34.3)
	19세	17 (16.7)
	20세	14 (13.7)
	21세	6 (5.9)
	22세	2 (2.0)
	계	102 (100)

해 남한의 일반적인 고등학교 재학 연령인 만 15세~17세를 상회한다. 조사 대상 중 18세 이상이 74명(51%)으로 절반을 넘는 것으로 나타났다. 연령이 재학 연령을 상회하는 데에도 불구하고 이들의 기초 학습능력은 남한 학생들에 비해 크게 떨어진다고 교사들은 보고하였다.

그밖에 탈북청소년들의 몇 가지 특성을 살펴보면 〈표 1-10〉, 〈표 1-11〉과 같다. 우선 출신지역을 살펴보면, 성인들과 마찬가지로 탈북청소년은 중국과 가까운 국경지대인 함경북도가 출신 지역인 경우가 가장 많았으며(55.9%), 북한에서의 최종학력은 무학을 포함한 인민학교 졸 이하가 27명(26.5%), 고등중학교 중퇴가 70명(68.6%)으로 나타나 고등중학교를 다녀야 하는 시점에서 탈북을 하였거나 중국 등의 제3국에서 시간을 보낸 것을 알 수 있다.

입국 시기는 2005년 이전이 6명(6.0%), 2006년이 12명(11.8%), 2007년이 34명(33.3%), 2008년이 37명(36.3%), 2009년이 9명(8.8%)인 것으로 나타났다. 남한 입국 후 하나원 생활을 마친 후 입학하게 되어 있는 한겨레 중·고등학교의 학제적 특성상 2007년, 2008년 입국 시기의 학생들이 많이 해당되어 있었지만, 그 이전에 입국한 학생들도 약 20% 정도 포함되어 있었다.

표 1-10 탈북청소년의 출신지역과 학력

변수	구분	빈도 (%)
출신지역	평안남도	6 (5.9)
	평안북도	1 (1.0)
	함경남도	13 (12.7)
	함경북도	57 (55.9)
	기타	24 (23.5)
	무응답	1 (1.0)
	계	102 (100)
북한에서의 학력	인민학교(소학교) 졸 이하	27 (26.5)
	고등중학교(중학교) 중퇴	70 (68.6)
	무응답	1 (1.0)
	계	102 (100)

표 1-11 탈북청소년의 입국 시기

변수	구분	빈도 (%)
입국년도	2005년 이전	6 (6.0)
	2006년	12 (11.8)
	2007년	34 (33.3)
	2008년	37 (36.3)
	2009년	9 (8.8)
	무응답	4 (4.0)
	계	102 (100)

탈북 후 입국까지 소요된 시간, 즉 중국 등 다른 나라에서 보낸 시간을 보면, 〈표 1-12〉에 제시된 것처럼, 6개월 이하가 56명(54.9%), 6개월 이상 1년 이하가 17명(16.7%), 1년 이상 2년 이하가 8명(7.8%), 2년 이상이 21명(20.6%)으로, 탈북성인에 비해 그 기간이 짧게 나타났다. 이러한 통계치는 청소년들의 경우 남한에 이미 부모와 가족 등의 연고가 있어서 이러한 관계를 통해 탈북하여 입국한 사례가 많이 있음을 보여준다. 선행연구들에서 나타난 바와 같이, 가족 중 처음 탈북하는 사람들은 탈북 후 남한에 입국하기까지 제3국에서 오랜 시간 동안 기회가 오기를 기다리고, 정보를 찾는 등 준비 기간이 길어지

표 1-12 탈북청소년의 제3국 체류기간

변수	구분	빈도 (%)
탈북과정 중 제3국 체류기간	6개월 이하	56 (54.9)
	6개월 이상 ~ 1년 이하	17 (16.7)
	1년 이상 ~ 2년 이하	8 (7.8)
	2년 이상	21 (20.6)
	계	102 (100)

표 1-13 탈북청소년의 가족 관계

변수	구분	빈도 (%)
부모님 생존 여부	부모 생존	96 (94.1)
	부모 사망	4 (3.9)
	알 수 없음	2 (2.0)
	계	102 (100)
부모님 계시는 곳	남한	58 (56.9)
	북한	32 (31.4)
	중국 및 제3국	3 (2.9)
	알 수 없음	3 (2.0)
	무응답	6 (5.8)
	계	102 (100)
남한에 형제 여부	있음	47 (46.1)
	없음	55 (53.9)
	계	102 (100)
남한에 친척 여부	있음	55 (53.9)
	없음	47 (46.1)
	계	102 (100)

지만, 추가로 탈북하는 가족원들은 이미 계획된 경로와 브로커의 도움으로 비교적 빠른 시기에 입국하는 경향이 있다(진미정 · 이순형 · 김창대, 2009).

조사 대상 탈북청소년들의 가족 상태를 살펴보면 〈표 1-13〉에 나타난 것처럼 대부분 부모가 생존해 있었으며(94.1%), 한국에 있는 경우는 과반수였다(56.9%).[3] 형제가 남한에 있는 경우는 47명(46.1%), 친척이 남한에 있는 경우가 55명(53.9%)인 것으로 나타났다. 이러한 통계치는 이들이 먼저 탈북한 가족들의 도움으로 남한에 오게 되었음을 간접적으로 보여준다. 반면 남한에 부모, 형제, 친척 중 아무도 없는 무연고인 사례는 15명(14.7%)이다. 본 연구가 성인기 초기의 청소년들까지 포함하고 있다는 점을 고려할 때, 이들이 부모의 직접적인 보호와 감독을 필요로 하는 연령층이 아니라 하더라도, 여전히 새로운 환경에서 적응하는 과정에서 부모나 다른 성인으로부터의 지원을 받아야 할 시기에 의지할 가까운 가족들이 없는 사례도 상당수 있는 것을 알 수 있다. 이들 청소년들은 특별히 더 관심을 받아야 하는 대상이기도 하다.

3 부모를 구분하여 질문하지 않았기 때문에 양친이 모두 남한에 있는 것인지, 두 분 중 한 분만 남한에 있는 것인지는 파악할 수 없었다.

제2장

공·사적 관계와 관계망 크기

이 장에서는 북한사회의 다양한 인간관계에서 공·사적 영역이 어떤 방식으로 구분되는지를 밝혀볼 것이다. 관계의 공·사적 영역은 표현되는 감정의 정도와 허용되는 행위가 서로 다른 영역이다. 사적인 관계에서 허용되는 감정과 행위의 표현이 공적인 관계에서는 허용되지 않거나 다른 방식으로 해석되는 경우가 많고, 반대로 공적인 관계에서 허용되는 언어적 소통 방식이 사적인 관계에서 불편하게 느껴지는 경우가 다반사이다. 그런데 인간관계의 공·사적 영역은 절대적 기준에 의해서 구분되는 것이 아니라 맥락에 따라 구분된다. 어떤 관계가 공적 관계로 해석되는지 혹은 사적 관계로 해석되는지는 상대적인 이해관계뿐 아니라 그 관계를 둘러싼 또 다른 관계와의 역동적인 맥락에서 결정된다.

이 연구에서는 관계의 공·사적 영역이 어떻게 구성되는지를 직접적으로 알아보는 대신 일상생활 속에서의 특정한 행위와 정서 표현이 허용되는지의 여부를 가지고 그 사람의 공·사적 관계의 구성과 경계를 간접적으로 파악하였다. 여기에서 말하는 사적 관계는 개인이 신뢰하는 대상을 의미하는 동시에, 개인적이고 사적인 영역을 침범해도 되는 관계를 의미한다. 이러한 사람들은 신뢰와 친밀성을 공유하는 내집단(inner group)의 사람들이다. 이 장에서는 부모, 형제, 친구, 이웃, 직장상사, 작업반장 등 다양한 주변 대상 중에서 사적 관계로 여겨지는 사람의 범위와 관계를 파악하고, 공적 관계와 사적 관계의 경계를 알아보고자 하였다. 다시 말하자면 사적 영역을 침범하는 행위가 허용되는 관계와 허용되지 않는 관계를 구분하여 공·사적 관계의 경계를 파악하였다.

1. 사적 영역 침범을 허용하는 관계

북한주민의 공·사적 관계의 구성을 알아보기 위해 일상적인 생활세계에서 흔히 일어나는 일련의 행위를 제시하고, 이 행위가 허용되는 관계의 범위를 알아보았다. 즉, 일상생활에서 이루어지는 행위 중 교환관계가 발생하는 행위와 개인적 영역을 침범하는 것으로 여겨질 수 있는 행위의 예를 제시하고, 이러한 행위가 허용되는 관계와 허용되지 않는 관계의 범주를 선택하게 함으로써 사적인 영역과 공적인 영역의 경계를 범주화해 보고자 하였다. 그리고 이러한 탈북성인이 설정하는 경계가 남한성인들이 느끼는 경계와 유사한지, 탈북청소년이 각각 느끼는 경계와 유사한지를 비교해 보았다.

1) 탈북성인과 남한성인의 비교

개인 사이에 허용되는 행동은 여러 종류가 있다. 이 연구는 관계에 대한 인식을 파악하기 위한 목적에서 시도되었으므로 대인 간의 경계를 파악할 수 있는 관계적 행위를 설정했다. 이 연구에서 제시한 관계적 행위를 나타낸 문항은 〈표 2-1〉에 제시된 7개이다. 이 행위는 다소 사적인 영역에서 허용된다고 간주되는 것으로 개인이 지각하는 친소의 범위, 신뢰의 범위, 사생활의 경계를 알아보기 위해 선택되었다.

남북한성인들이 동시에 가질 수 있는 주요 관계(부모, 형제, 친구, 이웃, 동료, 상사, 지역사회 반장)에서 위의 행위들이 어느 정도 허용되는지, 그 허용되는 정

표 2-1 사적 영역 침범을 허용하는 관계 평가 문항

① ○○가 급할 때 흔쾌히 돈을 빌려줄 수 있다.
② ○○가 갑자기 나에게 자녀를 돌봐달라고 해도 괜찮다.
③ ○○와 가족문제(부부 · 자녀에 관한)를 의논할 수 있다.
④ ○○가 나에게 온 편지를 먼저 뜯어봐도 괜찮다.
⑤ ○○가 연락하지 않고 우리 집을 방문해도 괜찮다.
⑥ ○○에게 중요한 비밀을 말할 수 있다.
⑦ ○○에게 반말을 쓰는 것도 괜찮다.

도에 있어 탈북성인과 남한성인들이 어떤 관계에서 어느 정도의 차이가 있는지를 가지고 어떤 관계에서 사적 영역을 어느 정도 침범하는지 가늠하고자 하였다. 그 결과는 〈표 2-2〉와 같다.

먼저 각각의 행위를 허용하는 관계의 범위를 탈북성인과 남한성인을 비교하면서 살펴보자. 탈북성인들이 돈을 빌려줄 수 있다고 한 관계는 부모(59%), 형제(34%), 친구(20%), 이웃(9%), 동료(6%), 상사(1%)의 순이었다. 이에 비해 남한성인들이 돈을 빌려줄 수 있다고 한 경우는 부모(81%), 형제(74%), 친구(38%), 이웃(9%), 동료(14%), 상사(6%), 반장(3%)으로 나타나 대체로 탈북성인에 비해 돈을 빌려줄 수 있다고 한 관계의 범위가 더 넓을 뿐 아니라 각각의 관계를 선택한 비율도 더 높게 나타났다.

나에게 자녀돌보기를 부탁해도 괜찮은 사람으로 탈북성인들은 부모 37%, 형제 55%, 친구 19%, 이웃 14%, 동료 4%, 상사 2%, 반장 2%의 비율로 선택한 반면, 남한성인들은 부모 52%, 형제 86%, 친구 50%, 이웃 34%, 동료 21%, 상사 9%, 반장 6%의 비율로 선택하여 차이가 있었다. 형제를 가장 많이 선택하고, 이웃이나 동료보다 친구를 더 많이 선택한 패턴에는 남북한성인 사이에 차이가 없지만, 각각의 비율은 남한성인들이 더 높아 금전관계와 마찬가지로 남한성인들이 호의를 베풀 수 있다고 본 관계의 범위가 더 넓은 것을 알 수 있다.

가족문제를 의논할 수 있는 사람으로 탈북성인들은 부모 64%, 형제 35%, 친구 13%, 이웃 5%, 동료 2%, 상사 1%, 반장 1%의 비율로 선택한 반면, 남

표 2-2 탈북성인과 남한성인의 관계별·상황별 사적 영역 허용 비율 비교

문항		부모		형제		친구		이웃		동료		상사		반장	
		M (SD)	t	M (SD)	t	M (SD)	t	M (SD)	t	M (SD)	t	M (SD)	t	M (SD)	t
돈 빌려줌	탈북성인	.59 (.49)	−6.40***	.34 (.47)	−11.16***	.20 (.40)	−4.92***	.09 (.28)	−.21	.06 (.23)	−3.40**	.01 (.10)	−2.97**	.01 (.12)	−1.07
	남한성인	.81 (.39)		.74 (.44)		.38 (.49)		.09 (.29)		.14 (.35)		.06 (.23)		.03 (.16)	
자녀 맡아줌	탈북성인	.37 (.48)	−3.67***	.55 (.50)	−9.49***	.19 (.39)	−8.53***	.14 (.35)	−5.88***	.04 (.20)	−6.30***	.02 (.16)	−3.35**	.02 (.15)	−2.11*
	남한성인	.52 (.50)		.86 (.34)		.50 (.50)		.34 (.48)		.21 (.41)		.09 (.29)		.06 (.23)	
가족 문제 의논	탈북성인	.64 (.48)	3.44**	.35 (.48)	−7.08***	.13 (.34)	−15.92***	.05 (.21)	−3.81***	.02 (.14)	−8.38***	.01 (.12)	−3.38**	.01 (.07)	−1.43
	남한성인	.51 (.50)		.62 (.49)		.66 (.47)		.14 (.34)		.25 (.43)		.07 (.26)		.02 (.14)	
편지 뜯어봄	탈북성인	.59 (.49)	2.70**	.31 (.46)	.64	.05 (.21)	−2.21*	.03 (.18)	2.90**	.02 (.14)	.42	.01 (.07)	−.30	.01 (.07)	.32
	남한성인	.48 (.50)		.29 (.45)		.09 (.29)		.00 (.06)		.01 (.12)		.01 (.09)		.00 (.06)	
연락 없이 방문	탈북성인	.58 (.49)	−4.05***	.33 (.47)	−8.16***	.27 (.44)	−2.99**	.15 (.36)	−1.46	.07 (.26)	−.19	.04 (.19)	.87	.06 (.24)	.88
	남한성인	.73 (.44)		.64 (.48)		.38 (.49)		.19 (.40)		.08 (.27)		.03 (.16)		.04 (.21)	
중요한 비밀 말함	탈북성인	.60 (.49)	4.33***	.34 (.47)	−3.20**	.11 (.32)	−11.80***	.02 (.13)	−1.07	.04 (.19)	−1.17	.00 (.00)	−1.74	.00 (.05)	−.21
	남한성인	.42 (.50)		.46 (.50)		.52 (.50)		.03 (.17)		.06 (.23)		.01 (.11)		.00 (.06)	
반말 씀	탈북성인	.17 (.38)	−3.70***	.31 (.47)	−5.20***	.59 (.49)	−5.06 ***	.06 (.24)	−3.87***	.11 (.32)	−7.04***	.02 (.16)	−1.91	.01 (.09)	−.37
	남한성인	.30 (.46)		.52 (.50)		.77 (.42)		.16 (.37)		.35 (.48)		.06 (.23)		.01 (.11)	

* p<.01; ** p<.05; *** p<.001

+ 탈북성인 n=366, 남한성인 n=271

한성인들은 부모 52%, 형제 61%, 친구 66%, 이웃 14%, 동료 25%, 상사 7%, 반장 2%의 비율로 선택하여 패턴의 차이를 보였다. 탈북성인들은 부모를 일차 의논상대로 선택한 반면, 남한성인들은 일차 의논상대로 친구를 선택하여 가족문제를 의논한다고 하였다. 탈북성인들은 부모와 형제를 제외하고는 가족문제를 의논할 수 있는 대상의 범위가 좁은 반면, 남한성인들은 가족 외에도 친구, 동료 등으로 가족문제를 의논할 수 있는 대상의 범위가 상대적으로 넓었다.

나에게 온 편지를 뜯어봐도 괜찮은 사람으로 탈북성인들은 부모 59%, 형제 31%, 친구 5%, 이웃 3%, 동료 2%, 상사 1%, 반장 1%의 비율로 선택하였고, 남한성인들은 부모 48%, 형제 29%, 친구 9%, 이웃 0%, 동료 1%, 상사 1%, 반장 0%의 비율로 선택하여 모두 부모와 형제를 제외하고는 내 편지를 미리 뜯어봐도 괜찮은 사람으로 여기는 사람의 범주가 좁았다. 흥미 있는 차이는 부모에 대한 것인데, 부모가 편지를 뜯어봐도 괜찮다고 한 비율이 탈북성인들에게 11%p 더 높게 나타났다.

연락 없이 우리 집을 방문해도 좋은 사람으로 탈북성인은 부모 58%, 형제 33%, 친구 27%, 이웃 15%, 동료 7%, 상사 4%, 반장 6%의 비율로 선택하였고, 남한성인은 부모 73%, 형제 64%, 친구 38%, 이웃 19%, 동료 8%, 상사 3%, 반장 4%의 비율로 선택하였다. 가장 차이가 많이 나는 관계는 형제인데, 남한성인과 탈북성인 간에 약 30%p의 차이가 난다. 이 결과는 선행연구들을 통해 예상된 바와 다른 결과이다. 선행연구들에 따르면, 북한은 개방적인 공동 아파트 구조와 생산과 거주의 일치라는 주거정책으로 인해 사회주의적이며 개방적 이웃관계를 형성하고 있다(박현선, 2003). 이 특성에 비추어 볼 때, 집이라는 공간에 대한 개방성이 탈북성인들 사이에서 더 높을 것으로 예상하였으나 남한성인들이 훨씬 더 높은 개방성을 가지는 것으로 나타났다.

중요한 비밀을 말할 수 있는 사람으로 탈북성인은 부모 60%, 형제 34%, 친구 11%, 이웃 2%, 동료 4%, 상사 0%, 반장 0%의 비율로 선택하였고, 남한성인들은 부모 45%, 형제 46%, 친구 52%, 이웃 3%, 동료 6%, 상사 1%, 반장

0%의 비율로 선택하였다. 탈북성인은 비밀을 말할 수 있는 관계로 부모를 일차적으로 선택하고 나머지 사람들을 별로 선택하지 않은 것에 비해, 남한성인들은 친구를 가장 많이 꼽았고, 형제와 부모를 비슷한 비율로 선택하여 비밀을 말할 수 있는 사람의 범주도 남한성인들이 더 넓은 것으로 나타났다.

이상에서 탈북성인의 관계의 개방성 정도를 통해 볼 때 탈북성인들이 남한성인들보다 관계 개방성이 적은 것을 알 수 있다. 설령 탈북인들이 북한에서 다른 사람들과 개방적 관계를 가지고 생활해 왔다고 하더라도 탈북후 제3국을 거치는 동안 체포와 구금의 공포 속에서 지내 왔기 때문에 그 개방성이 감소되었을 가능성이 있다.

관계는 언어를 통해서 표현된다. 특히 한국어는 경어를 통해서 대인관계를 표현해 왔다. 연령이 많거나, 직위가 높거나, 촌수가 높거나 하는 여러 경우에 상대를 존중하는 의미로 경어를 사용했다. 반대로 반말은 상대가 연령이 적거나 직위가 낮거나 촌수가 낮은 등 지위가 낮은 경우와 상대가 심리적으로 친밀해서 예를 차리지 않아도 되는 경우에 사용되어 왔다.

이 조사에서 반말을 써도 괜찮은 사람으로 탈북성인은 부모 17%, 형제 31%, 친구 59%, 이웃 6%, 동료 11%, 상사 2%, 반장 1%의 비율로 선택하였고, 남한성인들은 부모 30%, 형제 52%, 친구 77%, 이웃 16%, 동료 35%, 상사 6%, 반장 1%의 비율로 선택하였다. 대체로 탈북성인들은 남한성인에 비해 대상에 상관없이 반말을 써도 괜찮다고 생각하는 비율이 더 낮았다. 탈북성인들이 반말을 써도 괜찮다고 생각하는 대상은 친구가 59%로 가장 높았는데, 이 경우에도 남한성인의 비율(77%)보다 낮았다. 대체로 반말을 사용하는 대상의 범위가 좁고, 그 비율도 상대적으로 낮은 것으로 나타났다.

2) 탈북성인과 탈북청소년의 비교

이번에는 탈북청소년들과 성인을 비교해 보았다. 탈북청소년들은 주로 10대 후반과 20대 초반의 학생들이며, 성인들은 20~60대에 걸쳐져 있다. 청소년들의 일상적 관계에서의 공사구분을 알아보기 위하여, 성인을 대상으로 연구자들이 제작했던 문항을 수정 보완하였다. 성인 대상 문항 중, 청소년에게 해당 사항이 없는 ② ○○가 갑자기 나에게 자녀를 돌봐달라고 해도 괜찮다는 문항은 제외하였고, 해당되는 사람의 범주에서도 동료, 상사, 반장을 빼고 사용하였다. 따라서 조사 대상 청소년들은 총 6가지 상황에 부모, 형제, 조부모, 친척, 친구, 이웃, 교사의 7가지 관계 범주에 대해 응답하였다. 그리고 탈북청소년과 탈북성인의 비교는 공통적으로 질문한 부모, 형제, 친구, 이웃의 네 가지 관계범주에 대해서만 이루어졌다. 탈북청소년과 탈북성인을 비교한 결과는 〈표 2-3〉과 같다.

전반적으로 보았을 때 청소년들은 성인들에 비해 부모나 형제가 자신의 사적 영역에 들어오는 것을 허용하는 정도가 더 낮은 반면, 친구에 대해서는 성인들에 비해 더 허용성이 높았다. 특히 가족문제를 의논할 수 있는 상대, 중요한 비밀을 말할 수 있는 상대, 연락 없이 집에 와도 되는 상대로 가족보다 친구를 선택한 비율이 더 높았다. 일반적으로 청소년기가 또래집단의 영향력이 강해지는 시기임을 고려할 때 일견 당연한 결과로 보인다.

구체적인 행위별로 보면, 탈북성인들이 돈을 빌려줄 수 있다고 한 관계는 부모(59%), 형제(34%), 친구(20%), 이웃(9%) 순이었다. 이에 비해 청소년들의 경우에는 부모(41%), 형제(27%), 친구(45%), 이웃(6%) 비율로 나타나 성인에 비해 돈을 빌려줄 수 있다고 한 비율이 가족과 형제는 더 낮고 친구는 더 높게 나타났다.

가족문제를 의논할 수 있는 사람으로 탈북성인들은 부모 64%, 형제 35%, 친구 13%, 이웃 5%의 비율로 선택한 반면, 탈북청소년들은 부모 53%, 형제 20%, 친구 32%, 이웃 1%의 비율로 선택하여 의논 상대 선택 패턴의 차이를 보였다. 성인에 비해 청소년들이 가족문제를 의논할 대상으로 친구를 선택한 비율이 훨씬 높은 것을 알 수 있다.

나에게 온 편지를 뜯어봐도 괜찮은 사람으로 탈북성인들은 부모 59%, 형제 31%, 친구 5%, 이웃 3%의 비율로 선택하였고, 탈북청소년들은 부모

표 2-3 탈북성인과 탈북청소년의 관계별·상황별 사적 영역 허용비율 비교

문항		부모		형제		친구		이웃	
		M (SD)	t	M (SD)	t	M (SD)	t	M (SD)	t
1. 돈 빌려줄 수 있는 사람	성인	.59 (.49)	3.18	.34 (.47)	1.18*	.20 (.40)	−4.58***	.09 (.28)	1.03
	청소년	.41 (.49)		.27 (.45)		.45 (.50)		.06 (.23)	
2. 가족문제 의논 상대	성인	.64 (.48)	2.08**	.35 (.48)	3.23***	.13 (.34)	−3.92***	.05 (.21)	2.48***
	청소년	.53 (.50)		.20 (.40)		.32 (.47)		.01 (.09)	
3. 편지 뜯어봐도 좋은 사람	성인	.59 (.49)	.16	.31 (.46)	2.25***	.05 (.21)	−2.53***	.03 (.18)	.79
	청소년	.58 (.50)		.21 (.41)		.14 (.35)		.02 (.14)	
4. 연락 없이 방문해도 좋은 사람	성인	.58 (.49)	5.24***	.33 (.47)	.26	.27 (.44)	−3.70***	.15 (.36)	2.52***
	청소년	.30 (.46)		.31 (.49)		.47 (.50)		.07 (.25)	
5. 중요한 비밀을 말할 수 있는 사람	성인	.60 (.49)	4.29	.34 (.47)	3.80***	.11 (.32)	−8.17***	.02 (.13)	.56
	청소년	.36 (.48)		.17 (.38)		.54 (.50)		.01 (.10)	
6. 반말을 써도 괜찮은 사람	성인	.17 (.38)	−.61	.31 (.47)	1.62***	.59 (.49)	−1.29**	.06 (.24)	.91
	청소년	.20 (.40)		.24 (.43)		.66 (.48)		.04 (.20)	

* p<.01; ** p<.05; *** p<.001

+탈북성인 n=366, 탈북청소년 n=102

58%, 형제 21%, 친구 14%, 이웃 2%의 비율로 선택하여 성인과 청소년 모두 부모와 형제를 제외하고는 내 편지를 미리 뜯어봐도 괜찮은 사람으로 여기는 사람의 범주가 좁았다.

연락 없이 우리 집을 방문해도 좋은 사람으로 탈북성인은 부모 58%, 형제 33%, 친구 27%, 이웃 15%의 비율로 선택하였고, 탈북청소년은 부모 30%, 형제 31%, 친구 47%, 이웃 7%의 비율로 선택하였다. 청소년이 부모나 형제

보다도 친구에게 자신의 공간인 집에 더 개방적인 태도를 보이는 것 역시, 기숙학교 생활을 하고 있는 조사 대상 청소년들의 특성으로 볼 수 있다.

중요한 비밀을 말할 수 있는 사람으로 탈북성인은 부모 60%, 형제 34%, 친구 11%, 이웃 2%의 비율로 선택하였고, 청소년들은 부모 36%, 형제 17%, 친구 54%, 이웃 1%의 비율로 선택하였다. 여기서도 조사 대상 청소년들이 같이 살고 있지 않는 가족보다 친구를 더 신뢰하고 있는 것으로 나타났다.

마지막으로 반말을 써도 괜찮은 사람으로 탈북성인은 부모 17%, 형제 31%, 친구 59%, 이웃 6%의 비율로 선택하였고, 탈북청소년들은 부모 20%, 형제 24%, 친구 66%, 이웃 4%의 비율로 선택하였다. 상대에 대한 친근감과 위계감을 복합적으로 고려하여 정하게 되는 반말 사용 여부에 있어서 성인과 청소년은 모두 친구-형제-부모 순으로 지각하고 있음을 확인할 수 있다.

이상의 결과를 종합하여 탈북성인, 남한성인, 탈북청소년이 그들의 사적 영역 침범을 허용하는 관계를 비교해 보면 다음의 그림들과 같다. 〈그림 2-1〉은 부모, 형제, 친구, 이웃, 동료, 상사, 반장 등 7개 관계에서 탈북성인과 남한성인이 어느 정도 사적 영역 침범을 허용하는지 비교한 결과이다. 한편 〈그림 2-2〉는 성인들에게는 적용되지만 청소년들은 쉽게 경험할 수 없는 관계인 동료, 상사, 반장 등은 제외하고 탈북청소년들이 공통적으로 가질 수 있는 관계인 부모, 형제, 친구, 이웃 등 네 가지 관계에 대해서 탈북청소년과 탈북성인을 비교한 결과이다.

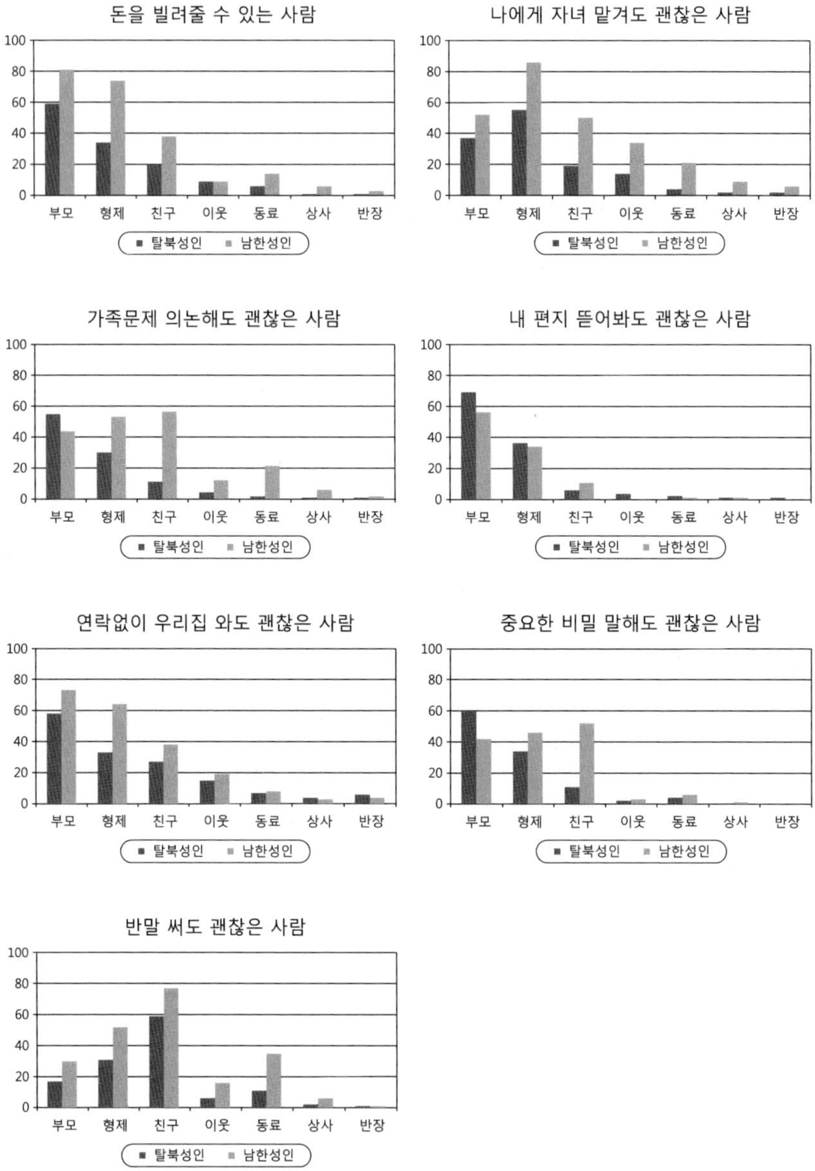

그림 2-1 탈북성인과 남한성인의 관계별·상황별 사적 영역 허용비율 비교

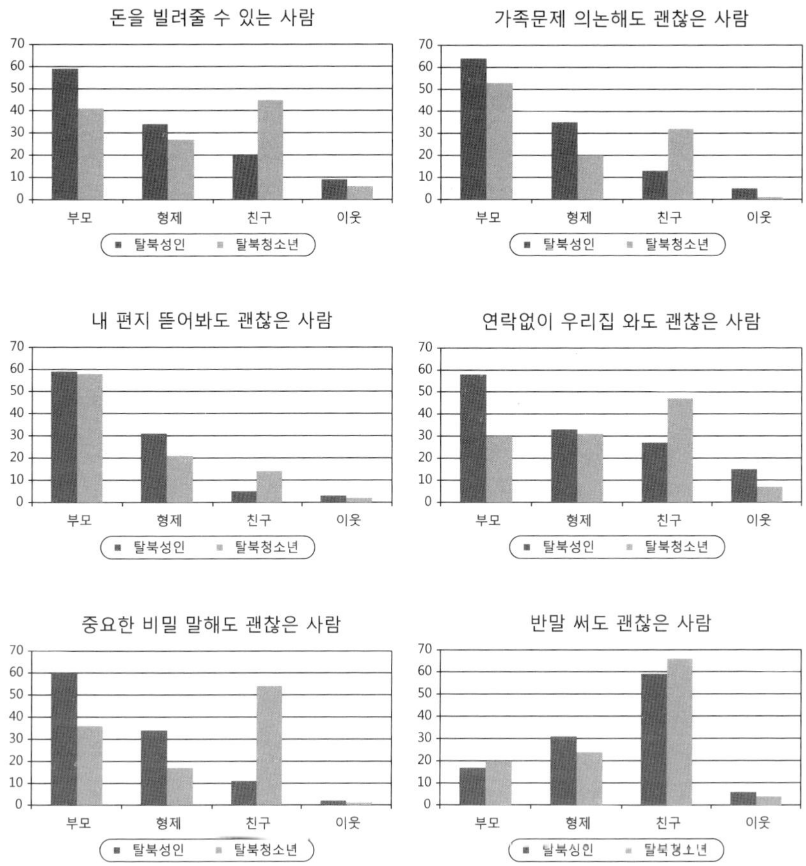

그림 2-2 탈북성인과 탈북청소년 관계별·상황별 사적 영역 허용비율 비교

2. 사적 영역 침범을 허용하는 관계망의 크기

관계망의 크기 조사는 앞서 공·사적 관계의 구성을 파악하기 위해 조사했던 7개 행위와 7개 관계의 유형을 다시 활용하였다. 각각의 행위를 허용할 수 있는 대상으로 선택한 관계의 수를 관계망의 크기로 규정하였고, 각 행위에 대한 관계망의 크기를 평균값으로 비교하였다. 즉 연구자들은 7개 행위별로

'다음의 행위를 허용할 수 있는 대상을 모두 표기하시오'라고 질문한 후, 그 빈도를 기초로 관계망의 크기를 평가했다. 예를 들어, 급할 때 내가 흔쾌히 돈을 빌려줄 수 있다고 한 사람으로 부모만 선택한 경우는 1점, 부모·형제를 선택한 경우는 2점, 부모·형제·친구를 선택한 경우는 3점이며, 부모·형제·친구·이웃·동료·상사·반장을 모두 선택한 경우에는 7점이다. 따라서 점수가 높을수록 관계망의 크기가 커지는 동시에 가까운 사람과 그렇지 않은 사람 사이의 친소(親疎)가 질적으로 구분되지 않은 사람이다.

이렇게 점수를 매길 경우 그 관계가 어떤 유형의 관계인지는 반영되지 않는다. 부모와 형제를 선택한 경우에도 2점이고, 형제와 친구를 선택한 경우도 2점이다. 따라서 여기서는 관계의 유형과 무관하게 그 행위가 허용되는, 다시 말해 가깝다고 생각하는 관계망의 크기만 고려된다. 또 한 가지 주의해야 할 점은 점수가 곧 사람 수를 의미하지는 않는다는 점이다. 돈을 빌려줄 수 있는 관계로 친구를 선택한 경우, 그런 친구가 1명만 있을 수도 있고 여러 명 있을 수도 있다. 형제, 이웃, 상사 등의 경우에도 마찬가지다. 따라서 점수를 사람 수로 직결하여 해석할 수는 없다. 탈북성인과 남한성인이 사적 영역 침범을 허용하는 관계망의 크기에 관한 결과를 보면 다음 〈표 2-4〉와 같다.

분석 결과 두 가지 흥미 있는 차이가 발견되었다. 먼저 남한성인과 탈북성인을 비교해 보았을 때 각 행위가 허용되는 관계망의 크기가 다르게 나타났

표 2-4 탈북성인과 남한성인의 관계망 크기 비교

	탈북성인	남한성인	t
돈 빌려줄 수 있음	1.30	2.25	10.09***
자녀 봐줄 수 있음	1.33	2.58	11.06***
가족문제 의논할 수 있음	1.20	2.27	12.31***
편지 뜯어봐도 좋음	1.01	.89	−2.26*
연락없이 방문해도 좋음	1.49	2.09	5.11***
비밀을 말할 수 있음	1.10	1.51	6.32***
반말을 쓸 수 있음	1.28	2.16	10.20***

* $p<.05$; *** $p<.001$

다. 앞의 〈표 2-4〉에 제시되어 있듯이 한 가지 행위 유형만 제외한다면 모두 남한성인들의 관계 범위가 탈북성인에 비해 더 넓은 것으로 나타났다. 남한성인들은 주어진 행위가 허용되는 관계를 둘 이상 선택한 반면, 탈북성인들은 하나 정도 선택한 경우가 가장 많았다. 그 사람이 급할 때 내가 돈을 빌려줄 수 있다고 한 사람이 남한성인은 2.25인 것에 비해 탈북성인은 1.30이었다. 그 사람에게 우리 가족문제를 의논할 수 있다고 한 사람이 남한성인은 2.27인데 비해 탈북성인은 1.20으로 더 낮았다. 여기서 한 가지 예외는 나에게 온 편지를 먼저 뜯어봐도 좋다는 행위가 허용되는 범주의 크기이다. 편지를 먼저 뜯어봐도 된다고 한 사람의 범위는 남한성인이 .89인 데 비해 탈북성인의 경우 1.01로 약간 더 높았다. 혹시 이 결과가 남한성인과 탈북성인 응답자의 성별이나 연령 구성에 따른 차이를 반영한 것이 아닌지 확인하기 위하여 연령과 성별을 통제한 회귀모형을 분석하였는데, 내게 온 편지를 먼저 뜯어봐도 좋다는 문항을 제외한 나머지에서 같은 결과가 나타났다. 편지를 뜯어봐도 좋다는 것에는 남북한주민의 응답에 통계적으로 유의한 차이가 없었고, 나머지 유형에서는 남한성인의 관계망 크기가 탈북성인의 관계망에 비해 더 크게 나타났다. 이러한 결과는 조사에 참여한 탈북성인들의 평균 연령이 남한성인에 비해 더 높기 때문에 나타난 것으로 해석할 수는 없다는 사실을 보여준다. 이 결과는 연령 차이나 세대차이 때문에 나타난 결과가 아니라 체험의 차이에서 비롯된 것임을 시사해 준다.

또 한 가지 흥미로운 결과는 행위의 유형과 관계망 크기 점수 사이의 관계를 통해 나타났다. 관계망 크기 점수를 통해 볼 때 어떤 행위는 좀 더 많은 사람들에게 허용되고 어떤 행위는 매우 제한된 사람들 사이에서만 허용된다. 가까운 사이라고 하더라도 좀 더 허용되는 행위가 있는가 하면 그렇지 않은 행위가 있다. 예를 들어, 나에게 온 편지를 먼저 뜯어보는 행위는 남한에서나 북한에서나 가장 기피되는 행위이다. 또한 중요한 비밀을 이야기하는 것도 남한에서나 북한에서나 매우 제한적으로 이루어지는 행위이다. 중요한 비밀을 말할 수 있는 대상으로 북한에서는 1.10, 남한에서는 1.51의 관계 유형 크기를 보여주었다.

그러나 몇몇 행위에 대해서는 허용되는 정도가 남한성인과 탈북성인 사이에서 약간 다르게 나타났다(표 2-5 참조). 허용되는 행위를 보면, 탈북성인들은 연락 없이 우리 집을 방문해도 괜찮다고 한 경우의 점수가 가장 높은 반면, 남한 사람들은 갑자기 나에게 자녀를 봐달라고 해도 괜찮다고 한 경우의 점수가 가장 높았다. 남한성인들에게는 연락 없이 우리 집을 방문하는 행위가 허용되는 관계의 범위가 상대적으로 좁으며, 이는 집이라는 공간을 개방하는 것이 다소 사적 영역에 속하는 행위임을 암시한다. 이에 비해 탈북성인들에게 누군가 연락 없이 자신의 집을 방문하는 행위는 다른 행위들에 비해 허용성이 큰 행위이다. 이에 비해 부부문제나 자녀문제를 의논할 수 있는 대상으로 간주되는 관계의 범위가 탈북성인들에게는 상대적으로 좁다. 남한성인들은 부부문제나 자녀문제를 의논하는 대상의 범위가 상대적으로 넓다. 가족문제를 의논하는 것이 남한 사람들에게는 관계의 유형에 관계없이 비교적 넓은 범위로 이루어질 수 있는 행위임을 의미한다.

결과적으로 볼 때, 나에게 온 편지를 뜯어보는 행위를 제외한다면, 남한성인 중 가장 좁은 관계망의 크기를 가진 행위(비밀 말하기, 1.51점)도 탈북성인 중 가장 넓은 관계망의 크기를 가진 행위(우리 집 방문, 1.49점)보다 더 점수가 높다. 이는 탈북성인들의 사회적 관계망의 범위가 매우 제한적이라는 사실을 의미하며, 사회적으로 고립된 일상생활을 하고 있음을 간접적으로 시사한다.

표 2-5 관계에서 허용되는 행위의 순서

	탈북성인	남한성인
1	연락 없이 우리 집을 방문해도 괜찮다.	나에게 자녀를 돌봐달라고 해도 괜찮다.
2	나에게 자녀를 돌봐달라고 해도 괜찮다.	가족문제를 의논할 수 있다.
3	급할 때 내가 흔쾌히 돈을 빌려줄 수 있다.	급할 때 내가 흔쾌히 돈을 빌려줄 수 있다.
4	반말을 쓰는 것은 괜찮다.	반말을 쓰는 것은 괜찮다.
5	가족문제를 의논할 수 있다.	연락 없이 우리 집을 방문해도 괜찮다.
6	중요한 비밀을 말할 수 있다.	중요한 비밀을 말할 수 있다.
7	나에게 온 편지를 먼저 뜯어봐도 괜찮다.	나에게 온 편지를 먼저 뜯어봐도 괜찮다.

표 2-6 탈북성인의 사적 관계망의 크기에 영향을 미치는 요인

	돈 빌려줄 수 있는 사람	나에게 자녀 맡겨도 괜찮은 사람	가족문제 의논해도 괜찮은 사람	내 편지 뜯어 봐도 괜찮은 사람	연락 없이 집 방문 괜찮은 사람	중요한 비밀 말할 수 있는 사람	반말 해도 괜찮은 사람
연령	−.06	−.04	−.05	−.04	−.12*	−.21***	−.16**
성별(여성=1)	−.11*	−.05	−.06	−.03	−.16**	−.11*	−.10+
입국경과기간	.04	.07	.09+	−.03	.11*	.10+	.06
북한에 가족있음	.02	−.01	.02	.01	−.01	−.00	.04
남한에 가족있음	.16**	.16**	.14*	.10+	.19***	.12*	.19**
F	2.77	2.27	2.21	.83	6.02	4.78	4.49
Adj R^2	.02	.02	.02	.00	.07	.05	.05

+p<.1; * p<.05; ** p<.01; ***<.001; 표준화된 회귀계수임

마지막으로 탈북성인의 사적 관계망 크기에 영향을 미치는 요인을 알아보기 위해 연령, 성별, 입국 후 경과된 기간, 북한에 가족이 남아 있는지 여부, 남한에 가족이 있는지 여부가 포함된 회귀분석을 실시하였고 그 결과를 〈표 2-6〉에 제시했다. 분석결과, 연령이나 성별, 입국경과기간, 남한에 가족이 있는지 여부에 따라 각 영역에서 사적 관계로 여겨지는 범위의 크기가 달라지는 것으로 나타났다. 대체로 사적 관계망의 크기는 연령이 높아질수록 더 작은 경향이 있다. 특히, 중요한 비밀을 말할 수 있는 사람, 연락 없이 우리 집에 와도 괜찮은 사람, 반말을 해도 괜찮은 사람의 크기와 연령의 부적 관계는 통계적으로 유의하였다. 즉 탈북성인의 연령이 높을수록 긴밀한 관계를 유지하는 사람의 수가 적다는 것이다.

성별에 따라서 살펴보면 남성의 사적 관계망의 크기가 여성의 것에 비해 대체로 더 큰 것으로 나타났다. 탈북 남성의 경우에 돈 빌려줄 수 있는 사람, 연락 없이 우리 집을 방문해도 괜찮은 사람, 중요한 비밀을 말할 수 있는 사람, 반말해도 괜찮은 사람의 관계망 크기는 통계적으로 유의하게 더 컸다. 남한에 입국한 후 경과한 시간은 몇몇 경우에 사적 관계망의 크기와 정적인 상관이 있는 것으로 나타났다. 남한에 입국한지 오래된 탈북자일수록 가족문제

를 의논해도 괜찮은 관계, 연락 없이 우리 집을 방문해도 괜찮은 관계, 중요한 비밀을 말할 수 있다고 한 관계의 범위가 더 커지는 것으로 나타났다.

북한에 가족이 남아 있는지 여부는 관계망의 크기와 유의한 관련이 없었지만, 남한에 가족이 있는지 여부는 관계망의 크기와 중요한 관련성이 있다. 남한에 가족이 일부 혹은 전부 있다고 한 사람의 경우 사적 영역을 침범해도 좋다고 허용하는 관계의 범위가 더 넓어지는 것으로 나타났다. 이러한 결과는 돈을 빌려줄 수 있는 사람의 범위에서 반말을 해도 괜찮은 사람의 범위까지 7개 관계유형의 행위 모두에게서 공통적으로 나타났다. 이러한 사적인 행위들이 대체로 부모나 형제 등 가까운 가족 사이에서 허용된다고 할 때, 일상생활에서 상호작용할 수 있는 가족이 실제 가까이 사는 것은 주관적으로 인식하는 관계망의 크기에 중요하게 영향을 미치는 것으로 생각해 볼 수 있다.

제3장

공·사적 관계와 의사소통 및 감정 표현

여기에서는 의사소통의 측면과 감정 표현의 측면을 통해 관계망의 공·사적 경계를 살펴보았다. 대인 간 의사소통에서는 어떤 사람에게 솔직하게 자신의 의견을 표명할 수 있는 개방성과, 상대의 반대에도 불구하고 자신의 의견을 개진할 수 있는 자율성이 중시된다. 의사소통의 개방성과 자율성은 인간관계의 공·사 영역에 따라 달라질 수 있다. 의사소통의 개방성과 자율성은 개인의 친밀성과 신뢰성에 따라서 달라질 것이다. 친밀하고 신뢰의 정도가 더 높은 사적인 관계의 대상에 대해서 솔직하게 의사소통을 하지만, 공식적인 관계의 사람들에게는 자신의 의견을 솔직하게 말하는 대신 사회적으로 허용되는 방식의 의사소통만을 할 수 있다. 즉, 상대방에 대한 자신의 의견을 솔직하게 소통하고, 상대방의 반응에 민감하게 반응하는 정도는 관계의 성격에 따라 달라질 것이다.

마찬가지로 감정 표현과 감정 공유 현상은 관계의 질을 드러낼 수 있다. 구체적으로 자신의 슬픔, 우울함, 분노, 좋아함과 싫어함 등의 감정을 표현하는 방식과 범위 역시 공적 관계와 사적 관계의 경계를 보여주는 지표가 될 수 있다. 친밀한 사적 관계에서는 솔직한 감정의 표현과 공유가 가능하지만, 공적 관계에서는 수용될 수 있을 것이라고 생각되는 감정만 노출하기 쉽다. 예를 들어, 친구 관계에서는 긍정적인 감정이나 부정적인 감정을 모두 노출하고 공유할 수 있지만 직장에서의 동료 관계에서는 부정적인 감정을 노출하기가 쉽지 않다. 따라서 자신의 어떤 감정을 누구에게 어느 정도 표현하는가를 통해 사적 관계와 공적 관계의 경계를 간접적으로 파악할 수 있다.

1. 관계에서의 직면적 의사소통

먼저 관계의 유형에 따라 소통의 개방성이 어떻게 달라지는지를 알아보았다. 앞의 경우와는 달리 관계의 범주를 부부관계를 포함하여 부모, 형제, 친구, 이웃, 직장상사 총 6개로 구분한 후 직면적 의사소통이 얼마나 가능한지 그 정도를 평가했다. 본 연구에서 직면적 의사소통이란 자신의 의견이나 느낌을 솔직하고 자율적으로 표현하는 것을 의미한다. 직면적 의사소통을 평가하기 위하여 〈표 3-1〉과 같이 6개의 문항을 개발하였고, 연구 참여자들에게 각각의 문항에 대해 동의하는 정도를 표시하도록 하였다. 본 장에서는 먼저 관계에 따른 직면적 의사소통에 있어 남한성인과 탈북성인의 응답 평균을 서로 비교한 후, 연령과 성별을 통제한 회귀분석 계수로 남북한 차이를 추가적으로 비교하였다.

표 3-1 직면적 상호작용 평가 문항

① 나의 생각을 ○○에게 주저 없이 얘기한다.
② ○○에게 남의 흉을 볼 수 있다.
③ 내가 원하는 바를 ○○에게 말하려면 두렵다.
④ ○○가 반대해도 내 의견을 말한다.
⑤ ○○가 불편해 보이면 기분을 맞추려 한다.
⑥ ○○의 단점이나 잘못을 이야기한다.

1) 직선적 발화의 정도

사람들은 애착을 느끼고 믿는 사람 앞에서만 직선적으로 말하는 경향이 있

표 3-2 탈북성인과 남한성인의 관계유형에 따른 의사소통 양식

		배우자	부모	형제	친구	이웃	직장상사
내 생각 표현	탈북성인	3.78	3.72	3.60	3.17	2.58	2.85
	남한성인	3.83	3.28	3.43	3.58	2.50	2.90
	t	-.52	5.32***	2.08*	-5.40***	1.03	-.57
남의 흉보기	탈북성인	3.18	3.24	3.15	2.85	2.29	2.15
	남한성인	3.65	3.31	3.32	3.37	2.22	2.16
	t	-4.75***	-.72	-1.62	-5.63***	0.84	-.09
부탁하기 어려움	탈북성인	2.54	2.73	2.78	2.79	2.72	2.97
	남한성인	2.32	2.53	2.52	2.78	3.05	2.98
	t	1.40	2.35*	2.39*	-.09	-4.05***	-.14
반대해도 의견개진	탈북성인	3.24	3.34	3.52	3.19	2.91	2.89
	남한성인	3.67	3.41	3.42	3.46	2.64	2.84
	t	-5.52***	-.92	1.20	-1.78	3.38***	.77
기분 맞추기	탈북성인	3.33	3.65	3.45	3.27	2.92	3.02
	남한성인	3.93	3.85	3.48	3.57	2.94	3.22
	t	-8.02***	-2.59*	-.38	-4.02***	-.31	-2.47*
잘못 지적	탈북성인	3.38	2.84	3.44	3.25	2.80	2.58
	남한성인	3.59	2.82	3.21	3.31	2.32	2.29
	t	-2.85**	.26	2.73**	-.80	6.47***	3.69**

* $p<.01$; ** $p<.05$; *** $p<.001$

다. 신뢰하지 않는 사람 앞에서는 자신의 마음을 드러내지 않도록 조심하여 말한다. 속내를 드러내는 말을 솔직하게 하는 것은 그만큼 신뢰하는 사람이라는 증거이기도 하다.

'나는 ○○에게 나의 생각을 주저하지 않고 이야기한다'에 대한 결과를 살펴보면 〈표 3-2〉와 같다. 탈북성인들이 남한성인들에 비해 부모, 형제관계에서 더 솔직하게 자신의 생각을 표명할 수 있다고 하였다. 한편 남한성인들은 탈북성인들에 비해 친구 관계에서 더 솔직하게 자기 생각을 이야기할 수 있다고 하였다. 탈북성인들은 부부, 부모, 형제의 순으로 자기 생각을 솔직하게 이야기할 수 있다고 한 반면, 남한성인들은 부부, 친구, 형제의 순으로 나타나 부모에 대한 의사소통 정도가 다르다.

2) 비난적 발화의 정도

사람들은 신뢰하는 사람 앞에서만 타인을 비난하는 말을 할 수 있다. 다른 사람의 흉을 볼 수 있다는 것은 그 대상을 신뢰한다는 것을 의미한다. 즉 다른 사람의 흉을 보아도 그 말이 퍼질까 염려하지 않아도 되는 대상이며, 동시에 다른 사람의 흉을 보는 나를 흠잡지 않을 만큼 믿을 수 있는 대상이 바로 그런 사람이다. 탈북성인과 남한성인에게 6개의 관계유형별로 '나는 ○○에게 다른 사람의 흉을 볼 수 있다'에 응답하도록 했고, 그 결과는 다음의 〈표 3-2〉와 같다. 이 문항에 대하여 탈북성인들과 남한성인들을 비교했을 때, 부부, 친구 관계에서 통계적으로 유의한 차이가 나타났다. 남한성인들이 남의 흉을 볼 수 있는 대상으로 부부와 친구를 선택한 비율이 탈북성인에 비해 높다. 남의 흉을 볼 수 있는 대상으로 탈북성인들은 부모, 배우자, 형제의 순으로 선택한 반면, 남한성인들은 배우자, 친구, 형제·부모의 순으로 선택하였다.

3) 원하는 바를 부탁하기 어려운 정도

'나는 내가 원하는 바를 ○○에게 부탁하려면 두려웠다'에 대해서 탈북성인과 남한성인에게 질문했다. 특정 관계에서 이 질문에 대해 긍정적으로 답한다는 의미는 그만큼 그 대상을 편안하게 생각하기 어렵고 거리감을 느낀다는 의미이다. 따라서 부정적으로 답할 때 그 대상에 대해 거리감을 느끼지 않고 신뢰할 수 있으며, 내집단에 좀 더 가깝다고 볼 수 있다. 이 질문에 대해 탈북성인과 남한성인들이 답한 결과는 다음의 〈표 3-2〉와 같다.

이 문항에 대해 탈북성인과 남한성인을 비교했을 때 모두 그렇지 않다고 대답한 경우가 많았는데, 관계에 따라서는 차이가 있었다. 탈북성인들은 부모, 형제 간의 관계에서 점수가 더 높고, 남한성인들은 이웃과의 관계에서 점수가 더 높았으며 이러한 차이는 통계적으로 유의하다. 탈북성인들은 부모, 형제 간에 부탁하기를 더 어려워하는 경향이 있으며, 그에 비해 남한성인들은 이웃에게 부탁하는 것을 더 어렵게 생각함을 알 수 있다. 그 외 부부관계, 친구관계, 직장상사와의 관계에서는 두 집단 간 차이가 없었다. 탈북성인이 부탁하기 가장 어렵다고 한 대상은 직장상사이고, 남한성인이 부탁하기 가장 어렵다고 한 대상은 이웃이다.

4) 타인이 반대해도 내 의견을 말할 수 있는 정도

'나는 ○○이 반대해도 내 의견을 말했다'라는 문항은 내 의견이 받아들여질 수 있을 것에 대한 신뢰가 형성되어 있는 관계, 혹은 서로 의견이 다를지라도 서로 갈등하지 않을 관계, 서로 의견이 달라도 서로 소원해지거나 멀어지게 될까 염려하지 않아도 되는 관계를 의미한다. 탈북성인과 남한성인에게 여섯 개의 관계유형별로 '나는 ○○이 반대해도 내 의견을 말할 수 있다'에 응답하도록 했고, 그 결과는 다음의 〈표 3-2〉와 같다.

'나는 ○○이 반대해도 내 의견을 말했다'는 문항에 대해서는 배우자, 이웃에 대해서만 응답에 차이가 있었다. 탈북성인들은 직장상사, 이웃, 친구, 배우자, 부모, 형제의 순으로 점수가 높아지는데, 그 차이는 비교적 적은 편이었다. 이에 비해 남한성인들은 이웃, 직장상사, 부모, 형제, 친구, 배우자의 순으로 점수가 높아진다. 탈북성인들은 부모, 형제와의 관계에서 반대의견을 더 자유롭게 개진하는 것에 비해 남한성인들은 배우자, 친구와의 관계에서 더 자유롭게 반대의견을 표현한다. 특히 두 집단 간의 차이는 부부관계와 이웃관계 사이에서 나타났는데, 배우자가 반대해도 자신의 의견을 말하는 경향은 남한성인들에게서 더 높고, 이웃이 반대해도 자신의 의견을 말하는 경향은 탈북성인에게서 더 높다.

5) 타인의 기분을 맞추려는 정도

상대가 중요한 사람이라고 생각할 때 사람들은 타인의 기분을 맞추려 하는 경향이 있다. 특정 관계에 대해 '나는 ○○가 불편해 보이면 기분을 맞추려고 했다'라는 질문에 대해 긍정적으로 답한다는 의미는 상대방의 기분에 민감하게 반응하고 영향을 받는다는 의미이다. 이 문항에 동의하는 정도가 높을수록 그 대상이 자신의 일상생활에서 나에게 미치는 영향이 더 크다는 것을 의미한다. 이 질문에 대해 남북한성인들이 답한 결과는 다음의 〈표 3-2〉와 같다.

분석 결과를 보면 남한성인들이 탈북성인보다 모든 관계에서 타인의 기분을 맞추려는 경향이 더 높았다. 관계에 따라서 보면 탈북성인들은 기분 맞추는 대상이 부모, 형제, 배우자, 친구, 상사, 이웃의 순서인 것에 비해, 남한성인들은 배우자, 부모, 친구, 형제, 상사, 이웃의 순서로 기분을 맞추는 노력을 한다. 특히 배우자, 부모, 친구, 직장상사의 관계에서 남북한 차이가 유의하게 나타났다. 남한성인들이 부모보다는 배우자의 기분에 더 민감하고, 형제보다는 친구의 기분에 더 민감한 반면, 탈북성인들은 부모와 형제의 기분이나 상태에 가장 민감하게 반응한다고 해석할 수 있다. 부연하면 탈북성인들은 부모와 형제 관계를 중시하지만 남한 사람들은 배우자나 친구와의 관계를 부모 형제보다 더 중시하는 경향이 있다.

6) 타인의 단점이나 잘못을 말할 수 있는 정도

다른 사람의 단점이나 잘못을 직접적으로 지적하거나 전달하는 것은 상당한 신뢰관계가 형성되어 있어야 가능하다. '나는 ○○의 단점이나 잘못을 얘기해 준다.'에 답한 결과는 다음의 〈표 3-2〉와 같다. 상대방의 기분에 맞춰주려고 하는 성향이 남한성인에게 더 높았던 것에 비해, 전반적으로 상대의 단점이나 잘못을 얘기하는 성향은 탈북성인들이 남한성인보다 더 높았다. 특히, 형제, 이웃, 직장상사에 대해서는 두 집단 간 차이가 유의하게 나타나서 탈북성인들이 더 솔직하게 상대의 잘못에 대해 이야기할 수 있다고 해석할 수 있다. 반면, 부부관계에 있어서는 상대의 잘못이나 단점을 지적한다고 한 경향성이 남한성인들에게서 더 높아서, 부부 사이의 개방적 의사소통은 탈북성인들보다 남한성인들이 더 높은 것을 알 수 있었다.

7) 연령, 성별 통제 후 직면적 의사소통 비교

앞에서 나타난 직면적 의사소통의 경향성이 연령이나 성별에 따른 차이가 아닌지를 알아보기 위해서, 회귀모델에서 연령과 성별을 통제한 후 남한성인과 탈북성인의 차이를 비교해 보았다. 전체적으로 볼 때 두 집단 간 차이는 부부관계와 친구관계에서 가장 많이 나타나고, 그 내용은 상대의 기분 맞추기, 나의 생각을 개방적으로 전달하거나 상대방의 잘못이나 단점도 지적할 수 있는 솔직한 의사소통에서 나타났다. 남한성인들은 탈북성인에 비해 배우자와 친구에게 더 솔직하고 개방적인 의사소통을 하는 반면, 탈북성인은 남한성인에 비해 부모에게 더 개방적이고 솔직한 의사소통을 한다.

또 다른 차이점은 '상대방의 기분 맞추기'에서 나타났다. 남한성인들이 '상

표 3-3 탈북성인과 남한성인의 직면적 상호작용 비교: 연령, 성별 통제

	관계											
	배우자 (N=584)		부모 (N=611)		형제 (N=612)		친구 (N=614)		이웃 (N=604)		상사 (N=600)	
	B	SE	B	SE	B	SE	B	SE	B	SE	B	SE
솔직한 의견	−.10	(.09)	.48***	(.09)	.21*	(.09)	−.43***	(.08)	.03	(.08)	−.11	(.09)
남의 흉	−.46***	(.10)	.00	(.10)	−.06	(.10)	−.46***	(.09)	.07	(.08)	−.02	(.08)
부탁 어려움	.18	(.17)	.14	(.09)	.24*	(.12)	−.08	(.08)	−.36***	(.09)	.04	(.09)
반대의 견개진	−.48***	(.08)	−.09	(.09)	.10	(.09)	−.23	(.16)	.25**	(.09)	.05	(.08)
기분 맞추기	−.67***	(.08)	−.22**	(.08)	−.04	(.09)	−.37***	(.08)	−.08	(.09)	−.20*	(.09)
단점 지적	−.30***	(.09)	23**	(.09)	.08	(.09)	−.46***	(.08)	.04	(.07)	−.07	(.07)

* $p<.05$; ** $p<.01$; *** $p<.001$; 연령과 성별을 통제한 후 비표준화된 회귀계수(기준집단이 남한성인이므로 음수부호(−)는 탈북성인의 점수가 남한성인의 점수에 비해 더 낮다는 것으로 해석됨)

대방이 불편한 것 같을 때 기분을 맞춰준다'는 내용에서 관계에 거의 상관없이 탈북성인과 구별되는 특성이 나타났다. 형제와 이웃을 제외하면 모든 관계에서 상대방의 기분에 민감하게 반응하는 특성은 남한성인에게 더 분명하게 나타난다.

직면적 의사소통의 특성을 통해서 본다면 남한성인들의 공·사적 관계에서 배우자와 친구가 가장 가깝고, 그 다음이 부모와 형제이며, 이웃과 상사는 가장 멀리 있다. 이에 비해 탈북성인들은 부모, 배우자, 형제가 모두 가깝게 비슷한 거리에 있고, 그 다음이 친구, 그 다음이 이웃이나 직장 상사이다. 제2장 행위 유형에 따른 차이에서 나타난 바와 같이 의사소통의 개방성 측면에서 볼 때에도 탈북성인들은 친구보다는 가족 중심으로 사적 관계망이 형성되어 있음을 알 수 있는 반면, 남한성인들은 부부와 친구 중심의 사적 관계망이 형성되어 있음을 알 수 있다.

이러한 두 집단의 직면적 의사소통의 차이를 그림으로 비교해 보면 다음과 같다.

〈그림 3-1〉에서 나타나듯이 전반적으로 볼 때 탈북성인들은 남한성인에 비해 관계의 유형에 상관없이 더 개방적이고 솔직하게 의사소통을 하는 경향성이 있다. 물론 탈북성인들도 관계에 따라 의사소통의 개방성 정도가 달라지지만, 관계에 따른 편차는 남한성인에 비해 더 낮다. 이에 비해 남한성인들은 어떤 관계의 사람이냐에 따라 의사소통의 내용이나 자기노출의 정도가 더 많이 달라진다.

남한성인과 탈북성인 사이의 차이는 부부관계에서 가장 크게 드러난다. 남한성인들은 부부관계를 스스럼없이 생각하는 경향이 있고, 다른 관계들에 비해 그 경향이 두드러지게 높다. 예를 들어, 내 생각을 거리낌 없이 이야기하거나 남의 흉을 볼 수 있고, 반대해도 의견을 개진할 수 있고, 상대방의 잘못을 지적할 수 있는, 그리고 부탁하기 가장 어렵지 않은 관계가 부부관계이다. 그리고 그 다음으로 스스럼없이 대할 수 있는 관계는 친구관계와 형제관계이다. 남한성인들에게 있어서 친구와 형제는 대체로 비슷한 수준의 거리를 가지는

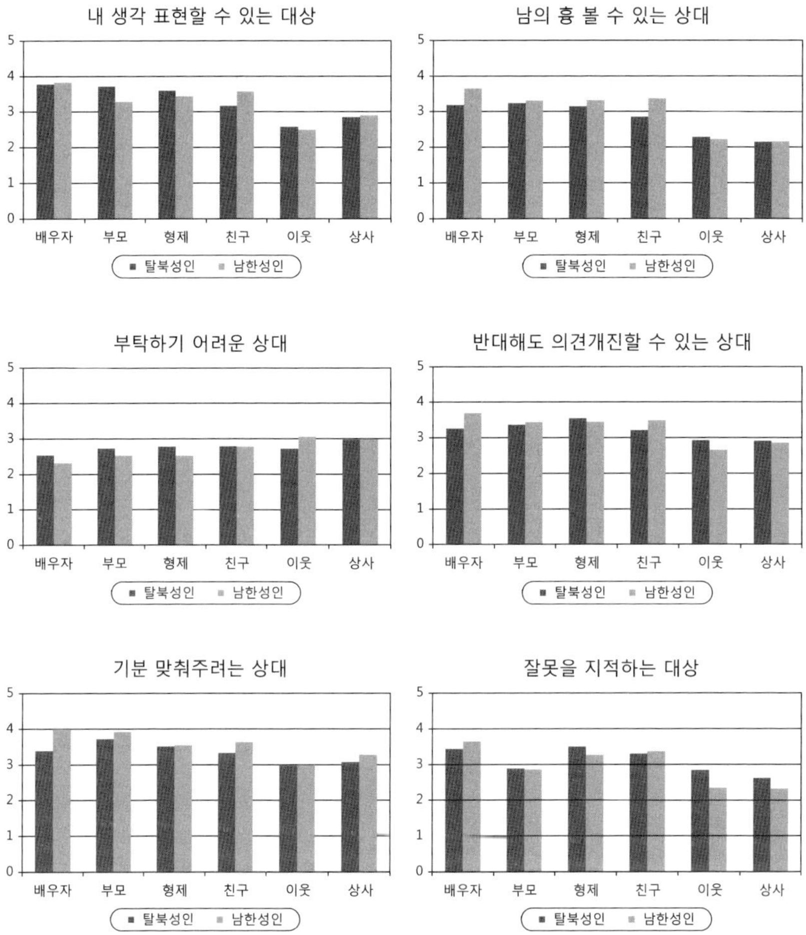

그림 3-1 탈북성인과 남한성인의 관계별 직면적 상호작용 정도 비교

관계인 것으로 보인다. 스스럼없이 대할 수 있는 관계의 순서에 있어서 부모는 친구와 형제 다음에 위치한다. 남한성인들에게 부모는 걱정을 끼치지 않아야 하는 대상, 솔직하게 자신의 의견이나 감정을 표현하기보다는 배려해야 하는 대상으로 여겨진다는 것을 암시한다.

이에 비해 탈북성인들은 배우자, 부모, 형제관계에 대해서 느끼는 편안함이나 스스럼이 비슷한 수준으로 나타났다. 내 생각을 쉽게 얘기할 수 있는 상대나 부탁하기 쉬운 상대로 배우자를 생각한 것은 남한성인과 같았지만 그 경향이 부모나 형제에 비해 두드러진 것은 아니다. 친구는 대체로 배우자, 부모, 형제 등 가족에 비해 거리감이 더 있었다. 탈북성인들은 남한성인에 비해 부모·형제와의 거리가 상대적으로 더 가까운 것으로 볼 수 있으며, 가족을 넘어서는 경계에서부터 거리감이 확연하게 달라지는 것으로 보인다.

8) 탈북성인의 직면적 의사소통 변화

각 관계의 사람들에게 허용되는 의사소통 양식은 남한에서 오래 생활할수록 달라질까? 이러한 의사소통 양식이 아동기와 청소년기에 학습되어 고착되는 것이라면 남한에서 오래 살았다고 해서 그 패턴이 크게 달라지지 않을 것이다. 반면 이러한 의사소통 양식이 문화적 맥락에 따라 달라지거나 사회분위기에 따라 영향을 받는 것이라면, 남한에서 오래 산 사람들일수록 남한성인들과 비슷한 형태의 의사소통 양식을 보이게 될 것이다. 탈북성인의 남한 입국 후 경과기간과 의사소통의 관계를 살펴보면 다음의 〈표 3-4〉와 같다.

입국 후 경과기간과 의사소통 내용의 상관관계를 살펴보면 탈북성인들은 대체로 남한에서 오래 살수록 더 솔직하게 의사소통하는 것으로 보인다. 특히 부모와의 관계에서 솔직하게 자기 의견을 말하고, 부모의 단점이나 잘못을 지적하는 등의 개방성과 자율성의 정도가 더 높아진 것으로 나타났다. 이웃과의

표 3-4 탈북성인의 입국 후 경과기간과 의사소통 상관관계

	배우자	부모	형제	친구	이웃	직장상사
솔직하게 의견	.08	.12*	−.04	.05	.13*	.06
남의 흉	.13	.08	.07	.14*	.15**	.10⁺
부탁 어려움	.06	.06	−.01	.07	.05	−.03
반대의견개진	−.10⁺	−.13*	−.12*	−.09⁺	.09⁺	.08
기본 맞추기	.06	−.05	−.00	−.02	−.08	−.01
단점 지적	.01	.10⁺	−.05	.04	.07	.05

⁺p<.10; * p<.05; ** p<.01

관계에서도 솔직하게 자신의 의견을 말하거나 제3자에 대한 흉을 볼 수 있다고 한 정도가 더 높아지는 것으로 나타났다. 반면, 반대에도 무릅쓰고 자신의 의견을 말한다는 정도는 대체로 관계에 상관없이 남한에서 지낸 시간이 오래됐을수록 더 낮아지는 것으로 나타났다. 반대 의견을 개진하는 정도를 제외하고, 전반적으로 이러한 패턴은 남한성인과 더 유사해지는 방향으로의 변화가 아니라 오히려 차이가 더 두드러지는 반대의 방향으로의 변화이다. 따라서 이러한 변화는 남한에서의 적응과정에서 생기는 관계상의 변화이거나 탈북성인들만의 고유한 경험에서 비롯되는 것이지 남한의 의사소통 문화에 익숙해지면 생겨나는 변화라고 보기는 어려울 것이다. 남한의 의사소통 양식이나 문화에 익숙해진다면 부모보다는 부부관계에서의 의사소통 개방성이나 친구관계에서의 의사소통 개방성이 더 높아지는 방향으로 변화가 발견되었을 것이다. 남한에서 지낸 시간이 오래되어도 탈북성인의 의사소통 양식이 남한에서의 의사소통 양식과 유사하게 변화하지 않는다는 점에 주목할 필요가 있다. 이는 남한성인들과 탈북성인들의 상호 이해의 수준에 영향을 미칠 수 있기 때문이다. 서로의 의사소통 양식이 다르다는 점을 인식하지 않는다면 이러한 차이는 상호간의 오해나 갈등을 야기할 수도 있을 것이다.

2. 관계에서의 감정 표현

이번에는 탈북성인들의 감정 표현 패턴을 통해 공·사적 관계의 구성과 거리를 알아보았다. 감정 표현은 슬픔 또는 우울, 분노, 그리고 관계에서의 호불호와 같은 세 가지 감정 유형을 통해 조사했다. 슬픔이나 우울은 자신의 취약한 상황을 타인에게 개방한다는 의미를 가지며, 분노는 일이나 대인관계에서 경험하는 좌절을 공격적으로 표현하는 방식이다. 전자는 자신에 대한 정서적 경험이며, 분노는 타인으로 향한 정서적 경험이면서 적극적인 표현방식으로서 자신의 취약함을 숨기는 방식이기도 하다. 관계에서의 호불호는 타인에 대한 정서적 경험이면서, 어떠한 좌절에 대한 급격한 정서적 반응이 아니며 취약함을 숨기는 방식도 아닌 사적이면서 덜 급격한 정서적 반응이다.

이 연구에서는 주요 대인관계에서 이러한 감정의 표현이 가능하다고 생각하는 정도를 알아보았다. 앞서 검토한 직면적 상호작용의 경우와 마찬가지로 배우자, 부모, 형제, 친구, 이웃, 직장상사에 대하여 각각의 평균을 산출하고 남한성인의 응답과 탈북성인의 응답 수준을 비교해 보았다.

1) 슬픔과 우울

'나는 ○○에게 슬픔을 표현할 수 있다'의 문항에 대한 응답결과를 관계유형에 따라 탈북성인과 남한성인을 비교해 볼 때, 슬픔과 우울감이 표현될 수 있는 관계의 유형과 범위에 있어서 남한성인과 탈북성인 사이에 몇 가지 차이가 발견되었다. 먼저 관계유형별로 슬픔 표현이 가능한 수준을 살펴보면 〈표 3-5〉와 같다.

먼저 남한성인들의 경우, 슬픔, 우울의 표현은 부부관계 사이에서 가장 솔직하게 나타나고 그 외의 관계에서는 다소 절제되는 것으로 보인다. 배우자 외의 관계 중에서 슬픔, 우울감이 표현되는 대상은 친구나 형제였으며, 나머지 부모, 이웃, 직장상사들에 대해서는 대체로 슬픔이나 우울의 표현이 절제되었다.

이에 비해 탈북성인들은 슬픔이나 우울감의 표현 대상이 더 넓게 펼쳐져서 관계에 따른 차이가 더 작았다. 특히 배우자와의 관계나 부모·형제자매 간의

표 3-5 탈북성인과 남한성인의 관계유형별 정서 표현 수준 비교

		배우자	부모	형제	친구	이웃	직장상사
슬픔표현	탈북성인	3.49	3.30	3.47	3.34	2.81	2.62
	남한성인	3.62	3.12	3.33	3.57	2.32	2.36
	t	−1.64	2.11*	1.58	−2.93**	6.14***	3.43***

* $p<.01$; ** $p<.05$; *** $p<.001$

표 3-6 탈북성인과 남한성인의 관계유형별 우울 표현 수준 비교

		배우자	부모	형제	친구	이웃	직장상사
우울표현	탈북성인	3.26	3.10	3.34	3.22	2.67	2.62
	남한성인	3.60	2.97	3.21	3.57	2.29	2.21
	t	−3.97***	1.50	1.47	−4.60***	4.83***	5.53***

*** p<.001

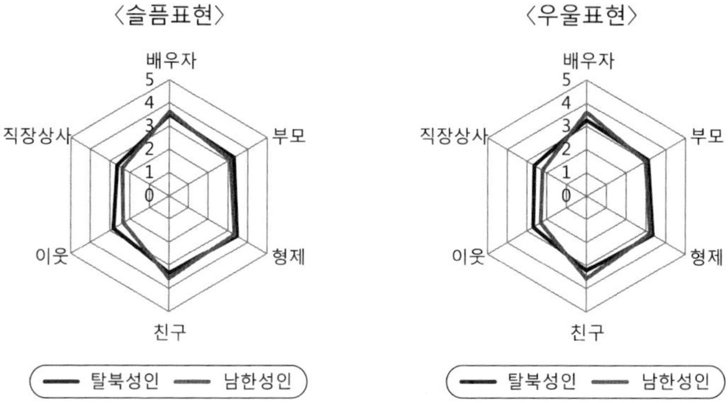

그림 3-2 탈북성인과 남한성인의 관계유형별 슬픔 및 우울표현 수준

관계에서나 비슷한 정도로 자신의 감정을 표현할 수 있는 것으로 보인다. 한편, '나는 ○ ○에게 우울함을 표현할 수 있다'의 경우, 탈북성인들은 이웃, 직장상사 관계에서 우울을 더 자유롭게 표현하는 것으로 보이며, 남한성인들은 부부, 친구 관계에서 더 자유롭게 우울감을 표현하는 것으로 나타났다(표 3-6 참조).

이러한 차이가 두 집단의 연령이나 성별 구성에 의해서 나타난 것이 아닌지를 확인하기 위해서 연령과 성별을 통제한 회귀분석을 실시해 보았으나 그 결과는 유사하였다. 즉, 부부나 형제 관계에서 슬픔을 표현하는 정도는 두 집단이 모두 유사하였지만, 탈북성인들은 남한성인에 비해 부모에게 슬픔을 표현하는 정도가 더 높았고, 이웃이나 직장관계처럼 다소 원거리의 관계에서도 슬픔이나 우울함의 표현이 상대적으로 자유로운 편이었다. 이에 비해 부부관계나 친구관계에서 우울함의 표현은 탈북성인이 남한성인에 비해 더 소극적인

표 3-7 탈북성인과 남한성인의 관계유형별 슬픔, 우울 표현 수준 비교: 연령, 성별 통제

	배우자	부모	형제	친구	이웃	직장
문항	B(SE)	B(SE)	B(SE)	B(SE)	B(SE)	B(SE)
슬픔	−.13 (.09)	.21*(.09)	.12(.09)	−.27**(.08)	.40***(.08)	.22** (.08)
우울	−.37***(.09)	.12 (.09)	.14(.10)	−.35**(.80)	.29***(.08)	.43***(.08)

* $p<.05$; ** $p<.01$; *** $p<.001$; 연령과 성별을 통제한 후 비표준화된 회귀계수(기준집단이 남한성인이므로 음수부호(−)는 탈북성인의 점수가 남한성인의 점수에 비해 더 낮다는 것으로 해석됨)

표 3-8 탈북성인의 입국 후 경과기간과 슬픔 및 우울 표현수준의 상관관계

	부부	부모	형제	친구	이웃	직장상사
슬픔	.02	.03	.05	−.04	.07	.11*
우울	.04	.05	.06	−.02	.07	.07

** $p<.01$; *** $p<.001$

편이었다. 남한성인들은 배우자와 친구에게는 솔직하게 슬픔이나 우울을 표시하는 반면, 이웃이나 직장상사를 대상으로는 그런 감정의 표현이 제한된다(표 3-7 참조).

두 집단 사이의 감정 표현의 차이가 문화적인 것이라면, 탈북성인들이 남한에서 거주하는 기간이 길어질수록 두 집단 간 차이는 줄어들 수 있다. 따라서 관계에 따른 슬픔과 우울의 표현의 차이가 입국 후 경과기간에 따라 달라지는 지를 알아보고자 단순상관관계 분석을 실시해 보았다.

〈표 3-8〉에 의하면 슬픔과 우울의 표현은 대체로 남한에서 보낸 시간의 양과 관계가 없었지만, 예외적으로 직장상사에게 슬픔을 표현할 수 있다고 한 정도는 남한 입국 후 경과된 시간과 비례하여 커지는 것으로 나타났다. 따라서 감정 표현의 수준은 북한에서 사회화된 방식이나 경험이 그대로 남한에서도 유지되는 것으로 해석할 수 있다.

2) 분노

분노표현의 수준은 언어적 표현(나는 ○○에게 화났다고 말할 수 있다)과 비언

표 3-9 탈북성인과 남한성인의 관계유형별 분노의 표현 수준 비교

		배우자	부모	형제	친구	이웃	직장상사
분노의	탈북성인	3.47	3.17	3.53	3.24	2.76	2.65
언어적	남한성인	3.82	2.92	3.30	3.38	2.32	2.15
표현	t	−4.29***	2.75**	2.64**	−1.85	5.30***	6.46***
분노의	탈북성인	3.56	3.11	3.38	3.26	2.92	2.65
비언어적	남한성인	3.92	2.82	3.29	3.31	2.34	2.23
표현	t	−4.38***	3.29**	1.22	−.61	7.15***	5.09***

** $p<.05$; *** $p<.001$

어적 표현(나는 ○○에게 화난 표정을 지을 수 있다)을 구별하여 탈북성인과 남한성인을 비교해 보았다. 그 결과 〈표 3-9〉에서 볼 수 있듯이 화가 났다는 말을 하거나 화가 난 표정을 지을 수 있는 대상에 대해서도 탈북성인과 남한성인 간에 차이가 있었다.

〈표 3-9〉를 살펴보면 부부관계와 친구와의 관계를 제외한다면 대체로 탈북성인들이 남한성인들에 비해 화가 난 감정을 상대가 누구든지 좀 더 자유롭게 표현하는 것으로 나타났다. 부부관계에서는 남한 사람들이 좀 더 자유롭게 언어적으로나 비언어적으로 화를 표현하지만, 다른 관계에서는 분노의 표현이 절제된다. 탈북성인들은 남한성인에 비해 부모, 형제, 이웃, 직장상사 관계에서 더 자유롭게 표현하는 것으로 나타났다.

비언어적 표현을 평가하는 문항인 '나는 ○○에게 화난 표정을 지을 수 있었다'의 경우에도, 탈북성인들은 부모, 이웃, 직장상사관계에서 더 자유롭게 비언어적으로 분노를 표현하였다. 분노표현을 통해 볼 때 남한성인들이 탈북성인들에 비해 부부관계에서 더 개방성과 친밀성이 높은 것으로 해석할 수 있으며, 반면 탈북성인들은 가족 외의 관계에서 더 자유롭게 분노의 감정을 표현하는 것으로 해석할 수 있다. 이러한 경향을 좀 더 시각적으로 이해하기 쉽게 제시하면 〈그림 3-3〉과 같다.

연령과 성별을 통제한 후 두 집단의 응답을 비교해 보면 위에서 발견한 패턴이 더 잘 드러난다(표 3-10 참조).

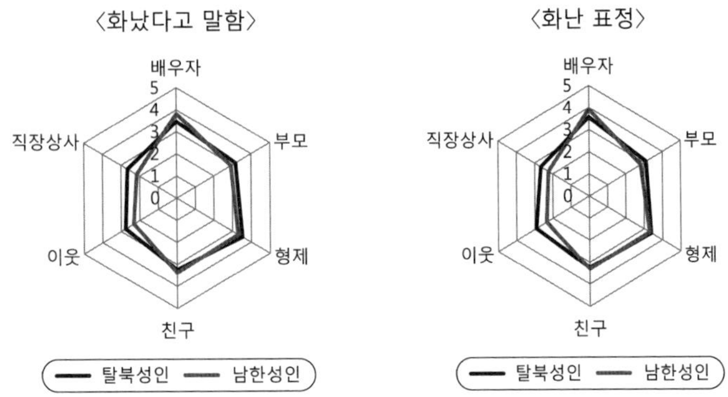

그림 3-3 탈북성인과 남한성인의 관계유형별 분노의 언어적, 비언어적 표현 수준

표 3-10 탈북성인과 남한성인의 관계유형별 언어적, 비언어적 분노표현 수준 비교: 연령, 성별 통제

문 항	배우자	부모	형제	친구	이웃	직장
	B(SE)	B(SE)	B(SE)	B(SE)	B(SE)	B(SE)
화남 표현	−.36***(.09)	.22* (.10)	.25**(.09)	−.11(.08)	.40***(.09)	.49***(.08)
화난 표정	−.36***(.09)	.28**(.09)	.12 (.09)	−.01(.09)	.53***(.09)	.38***(.09)

* $p<.05$; ** $p<.01$; *** $p<.001$; 연령과 성별을 통제한 후 비표준화된 회귀계수(기준집단이 남한성인이므로 음수부호(−)는 탈북성인의 점수가 남한성인의 점수에 비해 더 낮다는 것으로 해석됨)

표 3-11 탈북성인의 입국 후 경과기간과 언어적, 비언어적 분노표현 수준의 상관관계

	배우자	부모	형제	친구	이웃	직장상사
화났다고 말함	−.03	.08	.01	.03	.19***	.17**
화난 표정	−.01	.16**	.04	.03	.18**	.17**

** $p<.01$; *** $p<.001$

배우자와의 관계에서는 남한성인들이 더 개방적으로 분노를 표현하였다. 부모와의 관계, 이웃과 직장상사와의 관계에서는 탈북성인들의 분노의 감정 표현이 더 개방적으로 이루어지는 것으로 나타났다. 형제관계에 있어서도 탈북성인들의 감정 표현이 더 개방적인 것으로 보이지만 통계적으로 유의한 차이는 화났다고 말하는 표현에서만 나타났다.

앞에서와 마찬가지로 이러한 분노의 표현이 남한 입국 후 경과기간, 즉 남한에서 생활한 기간과 관련성이 있는지를 살펴보았다(표 3-11 참조).

남한에서 생활한 시간이 오래되었을수록 부모에게 화가 난 표정을 내보일 수 있다고 한 정도와 이웃과 직장상사에 대해 화났다고 말을 하거나 화가 난 표정을 짓는다고 한 정도가 더 높아지는 것으로 나타났다. 남한에 온 후 분노의 표현이 좀 더 자유롭게 이루어지는 것을 의미한다. 이러한 변화 역시 남한 성인들과 유사해지는 방식으로의 변화가 아니라, 오히려 그 차이가 강화되는 방식으로의 변화이다. 앞에서와 마찬가지로 남한에서 보낸 시간과 경험이 유사성을 강화시키는 영향보다 차이를 강화시키는 영향으로 나타나고 있음을 알 수 있다.

3) 호(好), 불호(不好) 감정

앞에서도 언급했듯이 호, 불호 감정은 매우 사적인 정서적 경험이라는 점에서 우울이나 슬픔과 유사하지만 타인에 대한 정서적 경험이라는 점에서 우울이나 슬픔과 다르다. 또한 타인에 대한 사적 경험이라는 점에서 분노와 유사하지만 자신의 취약함을 숨기려고 하지 않는 정서적 경험이다. 감정 표현 정도는 감정의 강도와 동일하지는 않다. 감정을 느끼는 것과 표현에는 차이가 있기 때문이다. 여기에서는 남북한성인의 타인에 대한 호, 불호 감정의 표현정도와 그 범위에서 나타나는 차이를 알아보았다. 그 결과는 〈표 3-12〉와 같다.

(1) 좋아함

좋아함(好)의 표현은 좋아하는 감정의 정도와 다를 수 있다. 탈북성인은 형제, 부모, 친구, 배우자, 이웃과 직장상사의 순으로 표현하며, 남한성인은 배우자, 친구, 부모, 형제, 이웃과 직장상사의 순으로 표현한다. 좋아함을 표현하는 데 있어서 탈북성인과 남한성인의 차이는 배우자와 형제, 이웃과 직장상사에서 현저하게 차이가 있다. 즉 남한성인들이 배우자를 좋아한다고 표현하는 것에 비해 탈북성인들은 덜 표현하는 반면에, 탈북성인들이 형제를 좋아한다고

표 3-12 탈북성인과 남한성인의 관계유형별 정서 표현 수준 비교

		배우자	부모	형제	친구	이웃	직장상사
좋아한다 표현	탈북성인	3.41	3.67	3.79	3.63	3.19	2.99
	남한성인	4.01	3.62	3.54	3.74	2.80	2.74
	t	−7.46***	.65	3.10**	−1.55	4.63***	2.93**
사랑한다 표현	탈북성인	3.49	3.65	3.76	3.39	3.13	2.89
	남한성인	3.96	3.53	3.42	3.48	2.65	2.55
	t	−5.54***	1.48	4.01***	−1.15	5.31***	3.88***
정들었다 표현	탈북성인	3.27	3.58	3.60	3.36	3.16	2.86
	남한성인	3.95	3.75	3.52	3.72	3.05	2.99
	t	−7.92***	−1.13	.98	−4.61***	1.17	−1.53
싫어한다 표현	탈북성인	2.90	2.53	3.13	2.92	2.49	2.54
	남한성인	3.09	2.20	3.69	2.85	2.12	2.04
	t	−2.06*	3.84***	4.87***	.85	4.69***	6.51***
실망했다 표현	탈북성인	2.99	2.41	3.05	2.95	2.65	2.54
	남한성인	3.19	2.14	2.71	2.89	2.11	2.09
	t	−2.31*	3.28**	3.83**	.71	6.62***	5.50***
정떨어졌다 표현	탈북성인	2.86	2.36	3.02	2.87	2.75	2.50
	남한성인	3.04	2.01	2.50	2.62	1.94	1.94
	t	−1.90	4.01***	5.69***	2.83**	9.79***	6.91***

** $p<.05$; *** $p<.001$

표현하는 데 비해서 남한성인들은 덜 표현한다. 흥미로운 점은 탈북성인들이 이웃을 좋아한다고 표현하는 데 비해서 남한성인들은 그렇지 않다는 것이다.

(2) 사랑함

사랑함(愛)의 표현은 사랑의 정도와 다를 수 있다. 탈북성인은 형제, 부모, 배우자, 친구, 이웃과 직장상사의 순으로 표현하며, 남한성인은 배우자, 부모, 친구, 형제, 이웃과 직장상사의 순으로 표현한다. 사랑함을 표현하는 데에 탈북성인과 남한성인의 차이는 배우자와 형제, 이웃과 직장상사에서 두드러진 차이가 있다. 즉 남한성인들이 배우자를 사랑한다고 표현하는 것에 비해 탈북성인들은 덜 표현하는 반면에 탈북성인들이 형제를 사랑한다고 표현하는 데 비해서 남한성인들은 덜 표현한다. 마찬가지로 탈북성인들이 이웃을 사랑한

다고 표현하는 데 비해서 남한성인들은 그렇지 않다.

(3) 정듦

정듦(情)의 표현을 찾아보면 탈북성인은 형제, 부모, 친구, 배우자, 이웃의 순으로 표현하며, 남한성인은 배우자, 부모, 친구, 형제, 이웃의 순으로 표현한다. 정을 표현하는 데에 탈북성인과 남한성인의 차이는 배우자와 친구 사이에 현저한 차이가 있다. 즉 남한성인들이 배우자와 친구에게 정들었다고 표현하는 것에 비해 탈북성인들은 덜 표현한다.

남한성인들에게서는 좋아한다, 사랑한다, 정 들었다는 긍정적인 감정의 표현은 넓게 수용되는 반면, 싫어한다거나 실망했다, 정 떨어졌다는 부정적인 감정의 표현은 별로 수용되지 않는 것으로 나타났다. 반면, 탈북성인들에게서는 그 차이가 두드러지게 나타나지 않았다. 탈북성인들에게도 싫어한다는 부정적인 감정 표현은 좋아한다는 긍정적인 감정 표현에 비해 절제되는 경향이 있었지만 그 차이가 더 작다. 특히, 부모와 형제와 같은 가족관계에 있어서의 긍정적 표현은 두 집단 간에 차이가 없지만, 부정적인 표현은 탈북성인들이 훨씬 더 자유롭게 하는 것으로 보인다.

또 한 가지 주목할 만한 차이점은 배우자와의 관계에서 수용되는 감정 표현이다. 배우자에게 좋아한다거나 사랑한다 혹은 싫어한다거나 실망하였다는 표현은 남한성인들에게 훨씬 더 수용되고 있었다. 특히, 긍정적인 감정의 표현에 있어서 두 집단 간 응답자의 점수 차이가 크게 나타났다.

남한성인들의 경우, 이웃이나 직장상사들에게 호, 불호를 선명하게 표현하고 있지 않으며 특히 부정적인 감정을 표현하지 않는다. 이에 비해 탈북성인들은 이웃이나 직장상사에 대해서도 상대적으로 호, 불호를 표현하고 있으며, 관계의 범주에 따른 감정 표현의 정도가 크게 달라지지 않은 것으로 보인다.

구체적으로 '나는 ○○에게 좋아한다고 말할 수 있었다'의 경우, 탈북성인들은 형제, 이웃, 직장상사 관계에서 유의하게 점수가 더 높고, 남한성인들은 부부관계에서 유의하게 점수가 더 높게 나타났다. 좋아한다는 표현을 탈북성인들은 형제 및 가족 외의 사람들에게 더 솔직하게 표현하는 반면, 남한성인들은 부부 간에 훨씬 표현이 자유로움을 알 수 있다. '나는 ○○에게 사랑한다고 말할 수 있었다'의 경우에도, 탈북성인들은 형제, 이웃, 직장상사 관계에서, 남한성인들은 부부관계에서 유의한 차이를 보였다. 남한성인들은 탈북성인에 비해 부부관계에서 사랑한다는 표현을 더 자유롭게 하며, 탈북성인들은 남한성인에 비해 형제 및 가족 외의 사람들에게 더 많이 표현함을 알 수 있다. '나는 ○○에게(정이 들었다면) 정들었다고 말할 수 있었다'를 묻는 질문에 탈북성인들은 모든 관계에서 유의미한 차이가 나타나지 않은 반면, 남한성인들은 부부, 친구 관계에서 유의미한 차이가 나타났다. '정들었다'는 긍정적 정서 표현의 경우, 탈북성인들보다는 남한성인들이 부부관계나 친구관계에서 더 솔직하게 표현하는 것으로 나타났다.

한편, 관계에서의 불호 감정의 표현은 호감의 표현과는 다소 다른 것으로 나타났다. 불호감정은 '싫어한다'와 '실망했다'와 같은 감정에 대해 조사했는데, 그 결과는 〈표 3-12〉에 제시되어 있다.

우선 '나는 ○○에게 싫어한다고 말할 수 있었다'의 문항에 대해서는 탈북성인들의 경우, 부모, 형제, 이웃, 직장상사와의 관계에서 유의하게 더 높은 점수를 나타낸 반면, 남한성인들은 부부관계에서 유의하게 더 높은 점수를 보였다. 즉 싫어한다는 부정적 표현의 경우는 남한성인들보다 탈북성인들이 더 넓은 관계에 걸쳐서 솔직하게 표현함을 알 수 있다.

'나는 ○○에게 실망했다고 말할 수 있었다'의 경우, 탈북성인들은 부모, 형제, 이웃, 직장상사의 다양한 관계에서 더 높은 점수를 보였고, 남한성인들은 부부관계에서만 더 높은 점수를 보였다. 이러한 결과 역시 탈북성인들이 더 넓은 관계 범위에 걸쳐 실망했다는 부정적인 표현을 더 솔직하게 할 수 있음을 알 수 있다.

'나는 ○○에게(정 떨어질 때) 정 떨어진다고 말할 수 있었다'의 경우는, 탈북성인들은 부부 관계를 제외한 모든 관계 즉 부모, 형제, 친구, 이웃, 직장상사 관계에서 더 높은 점수를 보였고, 남한성인들은 부부관계에서 더 높은 점수를 보

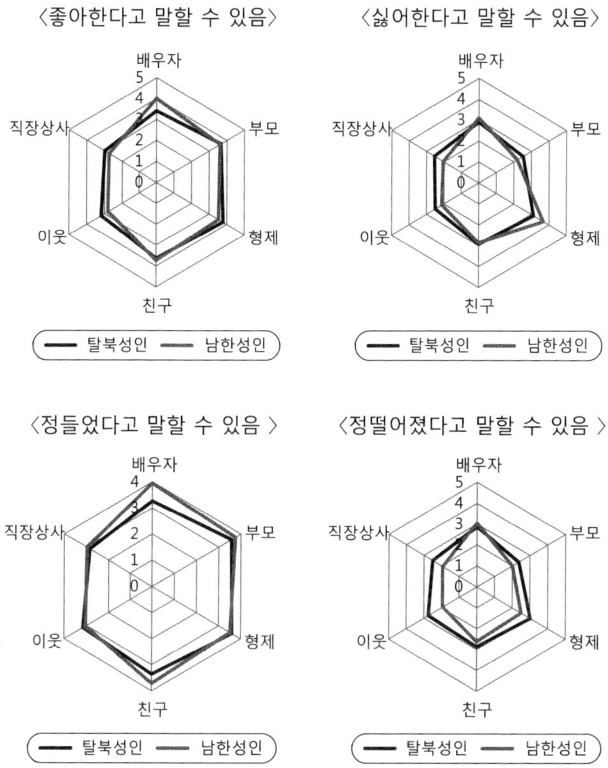

그림 3-4 탈북성인과 남한성인의 관계유형별 호·불호의 언어적, 비언어적 표현 수준

였으나 이는 통계적으로 유의한 차이가 아니었다. 탈북성인들은 '정 떨어졌다'와 같은 부정적인 표현도 대부분의 관계에서 솔직하게 표현함을 알 수 있다.

부가적으로 연령과 성별을 통제한 후 남한성인과 탈북성인들의 응답을 비교해 보면 위에서 발견한 패턴이 더 잘 드러난다(표 3-13 참조). 즉 탈북성인과 남한성인의 응답을 비교해 보면 모든 정서 표현에 있어 배우자와 이웃, 직장상사와의 관계에서 남북한 차이가 가장 많이 나타난다. 배우자와의 관계에서는 '슬픔'과 '정떨어졌다'는 표현을 제외하고는 남한성인들이 더 개방적으로 감정들을 표현하였고, 이웃과의 관계에서는 탈북성인들이 대부분의 감정에서 더 개방적으로 표현하는 반면, '정들었다'는 표현에는 차이가 없었다. 또한

표 3-13 탈북성인과 남한성인의 관계 유형별 호불호 감정 표현 수준 비교: 연령, 성별 통제

문항	배우자 B(SE)	부모 B(SE)	형제 B(SE)	친구 B(SE)	이웃 B(SE)	직장상사 B(SE)
좋아한다 표현	−.66***(.09)	.03 (.09)	.24** (.08)	−.14+ (.08)	.32***(.09)	.25** (.09)
사랑한다 표현	−.49***(.09)	.10 (.09)	.33***(.09)	−.14 (.09)	.38***(.09)	.27** (.09)
싫어한다 표현	−.27** (.10)	.34***(.09)	.48***(.10)	.06 (.09)	.29** (.08)	.48***(.08)
실망 표현	−.25** (.09)	.22* (.09)	.36***(.10)	.02 (.09)	.47***(.09)	.40***(.09)
정들었다 표현	−.69***(.09)	−.14 (.16)	.09 (.09)	−.40***(.08)	.02 (.10)	−.19* (.09)
정떨어졌다 표현	.13 (.10)	.33** (.10)	.53***(.10)	.24* (.10)	.79***(.09)	.52***(.08)

+p<.10; * p<.05; ** p<.01; *** p<.001; 연령과 성별을 통제한 후 비표준화된 회귀계수(기준집단이 남한성인이므로 음수부호(−)는 탈북성인의 점수가 남한성인의 점수에 비해 더 낮다는 것으로 해석됨)

직장상사와의 관계에서도 '정들었다'는 표현을 제외하고는 탈북성인들이 더 솔직하게 개방적으로 모든 감정들을 표현하는 반면, 남한성인들은 '정들었다'는 표현을 더 많이 하는 것으로 나타난다. 그 외에도 부모와의 관계에서는 탈북성인들이 슬픔, 분노, 화난 표정, 싫어함, 실망, 정떨어졌다와 같은 부정적 표현을 더 솔직하게 하는 것으로 나타나며, 형제관계에서 역시 탈북성인들의 감정 표현이 더 개방적인 것으로 보이지만, 단 이 관계에서는 긍정적 표현 즉 좋아함, 사랑 등의 정서도 함께 더 표현하는 것으로 나타남을 알 수 있다.

탈북성인들은 남한에 온 후 시간이 경과할수록 호불호 표현이 조금씩 달라진다고 하였는데, 위의 호불호 감정과 남한 입국 후 경과기간 간의 상관을 살펴보았다(표 3-14 참조).

전반적으로 그 대상이 되는 관계가 어떤 관계인지에 무관하게 싫어한다는 감정이나 실망, 정떨어졌다고 하는 표현은 더 강하게 표현하는 반면, 좋아한다거나 사랑한다, 정들었다는 표현은 더 적어지는 것으로 나타났다. 부부관계는 예외적으로 변함이 없었지만 그 나머지 관계에서는 이러한 경향이 크든 적

표 3-14 탈북성인의 입국 후 경과기간과 호불호 표현의 상관관계

	배우자	부모	형제	친구	이웃	직장상사
좋아한다 표현	.03	−.06	−.03	−.01	−.14**	−.05
사랑한다 표현	.07	−.04	.00	−.14**	−.16**	−.09
싫어한다 표현	.08	.14**	.13*	.10+	.11*	.09
실망 표현	.06	.17**	.05	.11*	.11*	.07
정들었다 표현	−.03	−.08	−.05	−.10+	−.10+	−.04
정떨어졌다 표현	.03	.18**	.05	.06	.15**	.10+

+p<.10; * p<.05; ** p<.01; *** p<.001

든 나타났다. 이러한 변화도 남한성인들의 일반적인 감정 표현 방식과는 거리가 있는 변화이다. 남한성인들은 긍정적인 감정은 더 적극적으로 표현하는 대신, 부정적인 감정은 소극적으로 표현하거나 제한한다. 그런데 탈북성인들이 남한에서 오래 살았을수록 부정적인 감정의 표현 정도가 더 강화된다는 것은 남한의 문화에 익숙해지는 것이 아니라 오히려 차이가 더 강화되는 방식의 변화인 것이다. 안타깝게도 이 연구에서는 이러한 경향이 나타난 이유를 밝혀내기 어렵다. 남한에 온 후 가까운 관계에서 느끼는 부정적인 감정의 수준 자체가 증가하고 긍정적인 감정의 수준 자체가 감소하였기 때문인지, 아니면 느끼는 감정의 수준에는 차이가 없고 단지 감정의 표현 정도가 늘어난 것인지를 파악하기 어렵다. 그러나 남한에서 보내는 시간이 길어질수록 긍정적 감정의 표현 수준이 감소하고 부정적 감정의 표현 수준이 증가한다는 경향성 자체는 주목할 필요가 있다.

제4장

심리사회적 특성과 공·사적 관계

이 장은 탈북성인의 가치정향, 사회적 박탈감, 타인으로부터의 기대에 대한 부담감, 타인의 불신 지각 등과 같은 인지적 평가와 공·사적 관계가 어떤 관련이 있는지를 분석하고 있다. 여기서는 자기 자신, 자신을 둘러 싼 관계와 사회에 대한 주관적 평가가 공·사적 세계의 경계와 구성에 미치는 영향을 파악한다. 사적 세계를 구성하는 사람들은 신뢰와 친밀성을 공유하는 내집단의 사람들이다. 내집단을 구성하는 사람들이란 나에게 경제적, 도구적 지원을 요청했을 때 내가 기꺼이 부응해야 하는 사람들이다. 이들은 내가 가진 비밀이나 개인적인 문제를 의논할 수 있는 사람들이며, 또 내 집이나 편지 등 나만의 사적인 영역에 허락 없이 접근할 수 있는 사람들이기도 하다. 사적 관계의 범위를 통해 간접적으로 내집단과 외집단의 경계를 추정해 보았다. 나아가 개인이 사회와 인간관계에 대해 가지고 있는 전반적인 평가를 반영하는 다양한 변수들이 내집단의 크기와 어떻게 관련되는지를 살펴보았다. 집합주의 대 개인주의 가치정향, 사회적 박탈감, 타인으로부터의 불신과 기대에 대한 부담감 등이 사적 관계망의 크기와 어떻게 관련되는지를 살펴본다.

1. 가치 정향과 공·사적 관계

가치 정향(value orientation)이 개인의 인지도에 영향을 줄 것이라는 가정 아래 가치 정향과 공적 사적 공간의 관계를 살펴보았다. 가치 정향중에서 우선 집합주의와 개인주의 정향을 살펴보기로 한다.

탈북인들의 집합주의 대 개인주의를 살펴보기 위한 문항은 총 12문항으로, 이는 트리안디스(Triandis, 1995)와 트리안디스와 겔판트(Triandis & Gelfand, 1998)의 문헌을 참고하여 구성하였다. 트리안디스는 자기 자신을 독립적이라고 정의하는지 아니면 상호의존적이라고 정의하는지, 개인과 집단의 이익 중 어떤 것을 우선시하는지, 교환과 관계 중 어떤 것을 우선시하는지, 태도와 규범 중에 어떤 것을 우선시하는지에 따라 개인주의와 집합주의를 구분하였다. 단적으로 말하면, 자신을 독립적인 존재로 규정하고, 집단의 이익이나 목적보다 개인의 이익이나 목적을 우위에 두고, 관계보다 교환을 중시하며, 규범보다 태도를 중시할 때 개인주의가 우세하다고 볼 수 있다.

트리안디스와 겔판트(1998)는 다시 평등성과 위계성에 대한 관념에 따라 개인주의와 집합주의를 더 세분화하여 수평적 집합주의, 수직적 집합주의, 수평적 개인주의, 수직적 개인주의로 구분하였다. 수평, 수직의 개념은 개인이 또 다른 개인들과 상호 관계를 맺을 때, 상호간에 동등한 입장에서 관계를 맺는가, 위계적 입장에서 관계를 맺는가에 따라 특징지워지는 개념이라 할 수 있다. 수평적 개인주의 성향이 높은 사람들은 집단과 구별되는 고유한 정체성을 가지기를 원한다. 수직적 개인주의 성향이 높은 사람들은 다른 사람들과의 경쟁에서 이기고, 다른 사람과 구별되는 성취를 하기 원한다. 수평적 집합주의 성향이 높은 사람들은 내집단의 구성원들 간의 일체감과 함께 사회적 결합을 중요시하며, 이를 위해 기꺼이 자기 자신의 목표를 희생한다. 수직적 집합주의 성향이 높은 사람들은 자신이 다른 사람들과 비슷하다고 생각하고 다른 사람들과 공통의 목표를 가지고, 상호의존적으로 지내는 것을 중요하게 생각한다. 이러한 성향을 구분하는 문항은 〈표 4-1〉에 제시된 바와 같다. 각 문항은

표 4-1 집단주의와 개인주의 가치정향의 하위범주 및 평가 문항

영역		문항내용
수평적 집합주의	1	사람들과 함께 어떤 일을 같이 할 때 기분이 좋았다.
	2	동료가 상을 타면 나도 자부심을 느꼈다.
	3	친척이 경제적인 어려움을 겪을 때 나는 능력껏 도와주었다.
수직적 집합주의	4	집단의 결정사항을 존중하는 것이 중요했다.
	5	내가 속한 집단을 위해 나의 이익을 양보했다.
	6	나는 내가 속한 집단 구성원의 의견을 존중했다.
수평적 개인주의	7	나만의 개성을 추구하는 것이 중요했다.
	8	나는 독립적인 인격체가 되는 것이 중요했다.
	9	다른 사람에게 의존하기보다는 나 자신에게 의존했다.
수직적 개인주의	10	나는 매사에 다른 사람들보다 잘 해야 했다.
	11	경쟁은 삶의 원칙이었다.
	12	어느 경쟁에서나 이기는 것이 중요했다.

'전혀 그렇지 않다(1점)'에서 '매우 그렇다(5점)'의 점수로 측정하였고, 점수가 높을수록 각 범주가 지니는 특성 정도가 높음을 의미한다.

탈북성인과 남한성인의 가치정향을 비교해 본 결과, 네 개의 영역 중 수평적 집합주의, 수직적 개인주의에서 유의한 차이가 있는 것으로 나타났다. 남한성인은 탈북성인에 비해 수평적 집합주의 성향이 높은 반면, 수직적 개인주의 성향은 낮았다. 일반적으로 북한사회는 전체주의적 사고를 반영하는 집합주의 특성이 더 강할 것으로 인식되는데, 위계적 관계의 집합주의 점수에서는 남북한 주민 간 차이가 없는 반면 비경쟁적인 동료관계를 반영하는 수평적 집합주의 점수는 남한성인들이 오히려 더 높았다. 인간관계를 기본적으로 경쟁적인 것으로 해석하고 경쟁관계에서 우위를 점해야 한다고 생각하는 수직적 개인주의 성향은 탈북성인이 남한성인에 비해 더 높았는데, 이것은 탈북성인의 탈북경험이 반영되어 있는 결과로 해석할 수 있다. 이러한 결과는 응답자의 연령과 성별을 통제한 이후에도 비슷하였는데, 연령과 성별을 통제한 후에 탈북성인들의 수직적 집합주의 점수도 남한성인의 것보다 유의하게 더 낮았다. 탈북성인들의 수직적 개인주의 가치정향이 남한성인보다 높다는 것은

표 4-2 탈북성인과 남한성인의 가치정향 비교

영역	집단	사례수	M (SD)	t
수평적 집합주의	탈북성인	362	3.64 (.78)	−2.21*
	남한성인	267	3.77 (.69)	
수직적 집합주의	탈북성인	359	3.93 (.86)	−1.58
	남한성인	267	4.03 (.68)	
수평적 개인주의	탈북성인	360	3.55 (.92)	−1.38
	남한성인	267	3.64 (.77)	
수직적 개인주의	탈북성인	360	3.90 (.94)	6.26***
	남한성인	266	3.46 (.82)	

* p<.01; *** p<.001

선행연구 결과와도 일치하는 결과이다(이순형 외, 2006).

가치정향과 이러한 관계망의 크기가 어떤 상관관계가 있는지 살펴보았는데, 이 관계가 남한성인을 대상으로 조사했을 때와 탈북성인을 대상으로 조사했을 때 서로 다른 양상으로 나타났다. 〈표 4-2〉에 의하면 탈북성인의 경우에는, 집합주의와 관계망의 크기가 부적 관계가 있는 것으로 나타나 집합주의, 특히 수직적 집합주의에 동조할수록 사적 행위가 허용되는 관계망의 크기가 작아지는 것으로 나타났다. 반면 수직적 개인주의에 동조하는 경향이 커질수

표 4-3 탈북성인과 남한성인의 가치정향과 관계망 크기의 상관관계

구분		M (SD)	돈 빌려줌	나에게 자녀 맡김	가족 문제 의논	내 편지 뜯어 봐도됨	연락 없이 집 방문	비밀 말할 수 있음	반말 해도 됨
탈북 성인	수평-집합주의	3.64 (.78)	−.08	−.09	−.06	−.05	−.04	−.12*	−.15**
	수직-집합주의	3.93 (.86)	−.15**	−.17**	−.11*	−.03	−.14**	−.16**	−.21**
	수평-개인주의	3.55 (.92)	.01	−.04	.01	.07	−.08	.03	−.09
	수직-개인주의	3.90 (.94)	.12*	.09	.17**	.08	.07	.11*	.03
남한 성인	수평-집합주의	3.77 (.69)	.14*	.18**	.09	.07	.18**	.16**	−.02
	수직-집합주의	4.03 (.68)	.08	.09	.09	.01	.11	.07	.01
	수평-개인주의	3.64 (.77)	−.04	−.04	−.05	−.11	−.02	−.01	.01
	수직-개인주의	3.46 (.82)	−.16*	−.09	−.13*	.07	−.04	−.11	−.13*

* p<.01; ** p<.05

록 사적 관계망의 크기가 커지는 것으로 나타났다.

한편 남한성인을 대상으로 한 경우에는 그 반대의 양상이 발견되었다. 〈표 4-3〉에 의하면 남한성인의 경우 집합주의, 특히 수평적 집합주의에 동조할수록 사적 행위가 허용되는 관계망의 크기가 커지는 것으로 나타난 반면, 개인주의 성향에 동조할수록 사적 행위가 허용되는 관계망의 크기가 작은 것으로 나타났다. 이러한 결과는 응답자의 연령과 성별을 통제한 회귀분석에서도 비슷하게 나타나는데, 인구학적 특성이 통제되면 오히려 그 효과가 더 크게 나타났다(표는 생략함).

이러한 흥미로운 차이점은 어디에서 기인하는 것일까? 트리안디스가 정의한 바에 따르면 개인주의 성향이 높을수록 관계보다 공정한 교환을 더 중요시하고, 내집단의 목표나 이익보다 나 자신의 목표나 이익을 더 중요시한다. 그럼에도 불구하고, 탈북성인들은 수직적 개인주의 성향, 즉 경쟁에서 이기고 살아남는 것이 중요하다고 생각할수록 내집단의 크기를 키우고 내가 속한 집단의 구성원들에게 더 많은 호의와 신뢰를 나타내는 것으로 나타났다. 이에 반대로 남한성인들은 경쟁이 중요하다고 생각할수록 내집단의 크기가 작아지는 것으로 나타났다. 이러한 차이는 북한에서의 공·사적 세계의 구성에 대한 중요한 정보를 제공한다. 남한에서는 개별적이고 사적 존재의 단위가 개인인 것에 비해, 북한에서는 그 단위가 가족이 되는 것으로 해석할 수 있다. 남한에서는 가족과 국가·사회로부터 모두 자유로운 개인이 개인주의적 성향의 주체가 되지만, 북한에서는 국가·사회로부터 구분되는 가족이 개인주의적 성향의 주체가 되는 것이다. 다시 말해 가족의 영향력과 국가의 권력 양쪽 모두로부터 자유로운 개인들의 사회적 장(場)을 시민사회라고 할 때(Rau, 1991), 북한에서는 그러한 시민 사회의 존재가 희미할 수밖에 없는 것이다.

2. 사회적 박탈감과 공·사적 관계

사회적 박탈감은 일상생활에서 귀속적인 지위나 성취지위에 따라 다르게 느껴지는 대우와 차별에 대한 주관적 평가이다. 다시 말해, 다른 사람이나 집단과의 비교를 통해 내가 공정한 처우를 받고 있지 못하다는 느낌을 의미한다. 박탈감을 경제적 차원이나 분배의 차원에서 세분화하여 개념화한 선행연구들도 있지만 본 연구에서는 일상생활에서 피해나 손해를 보고 있다는 일반적인 느낌과 탈북성인의 내·외집단에 대한 인식이 서로 연관되는지를 알아보는 데 주목하였다.

탈북성인들이 북한사회나 남한사회에서 생활하면서 '출신지역, 학력, 당원 여부, 성별, 연령에 따른 손해' 정도를 어느 정도나 지각하였는지를 알아보았고, 각 문항은 '전혀 그렇지 않다'에서부터 '매우 그렇다'의 5점 리커트 척도로 점수를 주었다. 점수가 높을수록 스스로 지각하는 차별이나 박탈감 수준이 높음을 의미한다. 탈북성인들에게는 자기 상관을 최소화하기 위해서 설문조사 첫 부분에서는 북한에서 생활했을 때 느꼈던 점을 회상하여 대답하게 하였고 다른 주제와 관련된 문항들을 대답한 후 마지막 부분에서 현재 남한사회에서 느끼는 박탈감을 질문하였다. 남한성인들에게는 당원이 아니라서 손해를 본 적이 있었다는 문항 대신 권력이 없어서 손해를 본 적이 있었다는 문항을 사용하였다. 남한성인들을 대상으로는 현재 느끼는 박탈감만을 조사하였으며, 남북한 비교는 탈북성인의 북한에서의 경험과 남한성인들의 경험을 통해 이루어졌다.

표 4-4 사회적 박탈감 평가 문항

번호		문항내용
박탈감	1	나는 지방에서 살아서 손해를 본 적이 있었다(있다).
	2	나는 학력이 낮아서 손해를 본 적이 있었다(있다).
	3	나는 당원이 아니라서(권력이 없어서) 손해를 본 적이 있었다(있다).
	4	나는 여자라서(남자라서) 손해를 본 적이 있었다(있다).
	5	나는 나이가 어려서(많아서) 손해를 본 적이 있었다(있다).

표 4-5 탈북성인(탈북 전)과 남한성인의 박탈감 비교

문항	집단	N	M (SD)	t
1. 지방에 살아서 손해 본 느낌	북한	365	3.18 (1.44)	7.20***
	남한	271	2.42 (1.22)	
2. 학력이 낮아서 손해 본 느낌	북한	364	2.48 (1.30)	-.13
	남한	271	2.49 (1.25)	
3. 당원이 아니어서(권력이 없어서) 손해 본 느낌*	북한	357	2.75 (1.45)	-2.10*
	남한	269	2.97 (1.19)	
4. 여자(남자)라서 손해 본 느낌	북한	363	2.56 (1.25)	-1.31
	남한	271	2.69 (1.08)	
5. 나이가 어려서(많아서) 손해 본 느낌	북한	359	2.43 (1.24)	-2.08*
	남한	269	2.63 (1.09)	
박탈감 전체	북한	347	2.66 (1.01)	.40
	남한	267	2.63 (.85)	

* p<.01; *** p<.001

먼저 전반적인 박탈감의 수준을 살펴보자. 〈표 4-5〉는 탈북 전 북한사회에서 느꼈던 박탈감과 현재 남한성인들이 느끼는 박탈감을 비교한 것이다. 전체적인 박탈감의 수준에 있어서 남한성인과 탈북성인 사이에 통계적으로 유의한 차이는 없었다. 다만 문항을 구분해서 살펴보면, 지방에 살아서(t=7.20, p<.001), 권력이 없어서(t=-2.10, p<.05), 연령으로 인해(t=-2.08, p<.05) 손해를 본 느낌의 항목에서 유의한 차이가 있는 것으로 나타났다. 지방에 살아서 손해를 본 느낌은 탈북성인에게서 더 높게 나타난 반면, 권력이 없어서, 연령으로 인해 손해를 본 느낌은 남한성인들이 더 높게 느끼는 것으로 나타났다. 탈북성인들이 대체로 국경 지방, 특히 함경남북도 출신이다. 이 지역에서 온 사람들은 월남자, 인민군 포로 출신, 재외교포, 남조선 출신 등 동요계층에 속하는 경우가 많은데, 북한 정부가 의도적으로 성분이 나쁜 주민들을 평양에서 멀리 떨어진 지역으로 이동시켰기 때문이다(진미정 외, 2009). 따라서 탈북성인들은 대체로 북한사회의 토대와 성분 때문에 피해를 본 사람이고 지방에서 살아서 손해를 보았다는 것은 이러한 배경을 함축한다.

남한성인들이 탈북성인에 비해 연령에 따른 차별을 더 많이 경험한다는 것

표 4-6 탈북성인의 박탈감: 탈북 전후 차이

문항	N	탈북전-탈북후 M (SD)	t
지방에 살아서 손해 본 느낌	362	.53 (1.38)	7.34***
학력이 낮아서 손해 본 느낌	359	−.30 (1.2)	−4.40***
당원이 아니어서(권력이 없어서) 손해 본 느낌*	353	−.58 (1.67)	−6.53***
여자(남자)라서 손해 본 느낌	357	.03 (1.44)	.37
나이가 어려서(많아서) 손해 본 느낌	355	−.36 (1.50)	−4.52***
박탈감 전체	339	−.14 (.95)	−2.78**

** $p<.05$; *** $p<.001$

은 남한이 북한보다 더 연령층화적으로 사회가 구성되어 있으며, 연령에 따른 단절을 더 많이 경험한다는 것으로 해석할 수 있다. 사회적으로 연령에 대한 규범이 명료하고 세대 간 견제와 갈등이 화두가 되어 있는 것을 떠올릴 때, 연령에 따른 상대적 박탈감이 남한에서 더 높은 것은 이해할 만하다.

한편 탈북성인들만 대상으로 탈북 전 북한사회에서와 탈북 후 남한사회에서의 박탈감 수준을 쌍체 t 검정으로 분석하여 비교해 본 결과는 〈표 4-6〉과 같다. 전반적으로 탈북성인은 남한사회에서 생활하고 있는 현재 더 높은 수준의 박탈감을 인식하고 있었다. 구체적인 항목에 있어서는 성별 때문에 손해를 본 적이 있다는 문항 외의 다른 모든 문항에서 통계적으로 유의한 차이가 나타났다. 지방에 살아서 손해를 보았다고 인지하는 경우 북한에서 더 높게 나타났지만 나머지 문항에서는 남한에서 더 높게 나타났다. 탈북성인들은 남한에 온 이후 학력이나 권력, 연령에 따른 차별이나 박탈감을 더 많이 경험하고 있는 것으로 나타났다. 이는 통일 후 동독인들이 더 많은 상대적 박탈감을 경험한다는 선행연구들과 유사한 결과이다(Schimitt & Maes, 2002). 상대적 박탈감에 대한 질문에서 '북한에서 왔기 때문에 차별을 경험한다'라고 직접적으로 질문하지 않았음에도 불구하고, 교육수준과 권력에서의 차별뿐 아니라 연령에서의 차별까지도 더 크게 지각하고 있다는 것은 주목할 만하다. 설령 북한 출신이기 때문에 직접적인 차별을 받지 않는다고 하더라도 상대적으로 낮은

표 4-7 남한성인의 박탈감과 관계망 크기와의 상관관계

	M (SD)	돈 빌려줌	나에게 자녀 맡김	가족 문제 의논	내 편지 뜯어 봐도됨	연락 없이 집 방문	비밀 말할 수 있음	반말 해도 됨
지방 살아서 손해	2.42 (1.22)	.06	.00	.05	−.08	.07	.10	.00
학력으로 인한 손해	2.49 (1.25)	.00	−.09	−.09	−.03	.01	−.01	−.08
권력이 없어 손해	2.97 (1.19)	.02	−.05	.02	.02	.03	−.00	.05
성별로 인한 손해	2.69 (1.08)	−.02	.01	.03	−.03	−.02	.02	.09
연령으로 인한 손해	2.63 (1.09)	−.05	−.02	.11	−.04	.00	−.02	.11

교육수준이나 경제력, 권력 등으로 인해 더 많은 차별과 박탈감을 느끼게 될 것이기 때문이다.

탈북성인들이 경험하는 박탈감과 내외집단의 관계망 크기는 어떤 관련성이 있을까? 흥미롭게도 남한성인들을 대상으로 조사한 경우 박탈감과 관계망의 크기 사이에 통계적으로 유의한 연관성이 발견되지 않았다(표 4-7 참조). 본 연구에서 사용된 친밀성과 신뢰가 공유되는 관계의 범위, 즉 내집단 관계망의 범위와 사회적으로 경험하는 차별이나 박탈감 사이에 내생적인 인과관계가 없다는 뜻이다. 그러나 탈북성인들을 대상으로 조사했을 때에는 박탈감과 내집단 관계망의 크기 사이에 유의한 관계가 발견되었다.

탈북성인들의 경우, 전반적으로 지역, 성별, 권력, 학력, 연령에 따른 차별을 느끼는 정도와 내집단 관계망의 크기 사이에 정적인 상관관계가 있는 것으로 나타났는데 이는 차별의식이나 박탈감을 많이 지각할수록 내집단으로 생각하는 관계의 범위가 넓어지고, 그 구성원들에 대한 신뢰나 의존성이 더 커지는 것으로 해석해 볼 수 있다. 상대적 박탈감이 내가 속한 집단과 속하지 않은 집단 사이의 불공평한 분배가 이루어지고 있다는 인식에서 기인한다고 할 때 탈북성인들은 북한사회에 있을 때 상대적 박탈감을 더 많이 인식할수록 개

인적으로 신뢰하고 의존할 수 있는 관계망을 더 넓게 구축하는 경향이 있었음을 보여준다.

그런데 더 흥미로운 점은 이러한 경향성이 남한사회에 온 이후에도 나타나고 있으며 양자 간 상관관계의 정도가 더 크게 나타난다는 점이다. 특히 권력, 성별, 연령에 따른 차별을 느끼는 정도와 사적인 관계망의 크기 사이의 상관관계가 더 높게 나타났다. 탈북성인들이 남한사회에서 권력, 성별, 연령에 따른 차별을 더 많이 경험할수록 내집단의 범위가 넓다. 다만 학력에 따른 차별이나 손해 정도는 북한에서나 남한에서나 차이가 없었으며, 지역에 따른 차별

표 4-8 탈북성인의 탈북 전후 박탈감과 관계망 크기와의 상관관계

		M (SD)	돈 빌려줌	나에게 자녀 맡김	가족 문제 의논	내 편지 뜯어 봐도됨	연락 없이 집 방문	비밀 말할 수 있음	반말 해도 됨
탈북 전	지방 살아서 손해	3.18 (1.44)	.15**	.16**	.16**	.02	.23**	.23**	.25**
	학력으로 인한 손해	2.48 (1.30)	.19**	.21**	.21**	.08	.22**	.27**	.27**
	당원여부에 따른 손해	2.75 (1.45)	.12*	.17**	.10	.01	.15**	.05	.09
	성별로 인한 손해	2.56 (1.25)	.12*	.15**	.19**	.04	.16**	.14**	.17**
	연령으로 인한 손해	2.43 (1.24)	.09	.13*	.14*	.08	.16**	.15**	.12*
탈북 후	지방 살아서 손해	2.66 (1.27)	−.01	.03	.03	.03	.04	.07	.07
	학력으로 인한 손해	2.78 (1.39)	.18*	.24**	.25**	.02	.26**	.27**	.28**
	권력이 없어 손해	3.34 (1.51)	.17**	.23**	.25**	.10	.26**	.29**	.27**
	성별로 인한 손해	2.55 (1.26)	.32**	.30**	.35**	.18**	.36**	.32**	.34**
	연령으로 인한 손해	2.79 (1.33)	.23**	.25**	.25**	.11*	.27**	.22**	.27**

* $p<.01$; ** $p<.05$

이나 박탈감과 관계망의 크기 사이의 통계적 유의성은 오히려 사라졌다. 좀 더 면밀히 분석해 보아야 할 과제이지만, 남한에서는 거주 지역에 따른 차별이 내·외집단의 구분과 연관성이 더 낮은 것으로 보인다(표 4-8 참조).

이러한 결과는 탈북인들이 남한사회에서 지각하는 차별과 박탈감이 커질수록 자기가 속한 집단의 범위를 더 넓게 인식하고, 그 안에서의 상호작용 역시 더 친밀하게 발생한다는 것을 의미한다. 탈북인으로서 남한에서 겪는 박탈감은 일종의 귀속적인 지위에서 발생하는 박탈감이다. 이러한 박탈감은 탈북인들끼리 서로 공유할 수 있는 경험과 동질적 의식을 강화시키며, 남한성인과 구분되는 탈북인 공동체와 내집단 의식을 만들어 낼 수 있다.

3. 타인의 기대에 대한 부담감과 공·사적 관계

이번에는 타인과의 관계에서 느끼는 부담 수준을 알아보기 위해서 '가정에서 나에게 거는 기대가 부담스러웠다(부담스럽다)'라는 문항과 '직장에서 나에게 거는 기대가 부담스러웠다(부담스럽다)'는 문항으로 주관적 인식을 질문하였다. 앞의 다른 문항과 마찬가지로 이 문항들도 '전혀 그렇지 않다'(1점)에서 '매우 그렇다'(5점)까지 리커트 척도이며, 점수가 높을수록 기대에 대한 부담 수준이 높은 것을 의미한다. 상대적 박탈감의 경우와 마찬가지로 먼저 북한에서 생활할 당시의 경험을 질문하고, 설문조사 마지막 부분에서 현재 남한에서 경험하는 바를 질문하였다.

타인과의 관계에서 느끼는 부담 수준에 대해서 탈북성인의 탈북 전 경험과 남한성인의 현재 경험을 비교해 본 결과(표 4-9 참조), 전반적으로 탈북성인들은 남한성인보다 가족이나 직장에서 관계에서 느끼는 부담을 더 높게 지각하고 있었다. 이러한 부담 수준은 남한에 온 후 다소 높아진 것으로 보이는데 특히, 직장에서의 부담이 증가한 수준은 통계적으로 유의한 차이가 있었다(표 4-10 참조). 탈북성인들은 남한에 온 후 직장으로부터의 기대를 더 부담스럽게

표 4-9 탈북성인(탈북 전)과 남한성인의 타인으로부터의 기대에 대한 부담 비교

문항	집단	N	M (SD)	t
가정에서 거는 기대가 부담됨	북한	363	2.99 (1.19)	3.30**
	남한	270	2.69 (1.02)	
직장에서 거는 기대가 부담됨	북한	362	2.82 (1.18)	2.86**
	남한	267	2.57 (1.00)	

** $p<.05$

표 4-10 탈북성인의 타인으로부터 기대 부담: 탈북 전후 차이

문항	N	탈북전–탈북후 M (SD)	t
가정에서 거는 기대가 부담됨	358	–.08 (1.40)	–1.10
직장에서 거는 기대가 부담됨	353	–.17 (1.43)	–2.27*

* $p<.01$

표 4-11 탈북성인(탈북 전)과 남한성인의 자신에 대한 기대 부담과 관계망 크기의 상관관계

구분		M (SD)	돈 빌려줌	나에게 자녀 맡김	가족 문제 의논	내 편지 뜯어 봐도됨	연락 없이 집 방문	비밀 말할 수 있음	반말 해도 됨
남한 성인	가정에서 거는 기대 부담	2.69 (1.02)	–.03	–.11	–.05	–.07	–.05	–.02	–.01
	직장에서 거는 기대 부담	2.57 (1.00)	–.05	–.11	–.02	–.12*	–.04	–.05	–.02
탈북 성인	가정에서 거는 기대 부담	2.99 (1.19)	.20**	.16**	.19**	.03	.15**	.19**	.15**
	직장에서 거는 기대 부담	2.82 (1.18)	.07	.07	.00	.02	.08	.09	.02

* $p<.01$; ** $p<.05$

생각하는 것으로 나타났다.

타인과의 관계에서 느끼는 부담과 사적인 관계망의 크기는 어떤 연관성이 있을까? 먼저 남한성인을 대상으로 상관관계를 분석해 보았는데(표 4-11 참조), 타인과의 관계에서 느끼는 부담은 관계망의 크기와 통계적으로 유의한 상관성이 발견되지 않았다. 상대적 박탈감의 경우와 마찬가지로 양자 간에 주목할

만한 인과관계가 존재하지 않음을 의미한다.

그러나 탈북성인의 경우에는 탈북 전 가족으로부터의 기대에 대한 부담은 내집단의 크기와 유의한 연관성이 있었다(표 4-11 참조). 북한에서 생활할 당시 내집단의 크기가 클수록 그리고 이들 간의 상호 의존적인 관계가 더 공고하게 유지될수록 내집단으로부터 오는 기대와 압력이 크고, 이러한 기대가 내집단 구성원들에게 개인적 부담으로 작용할 수 있음을 의미한다.

남한사회에 온 이후 이러한 경향성은 어떻게 달라졌을까? 이것은 〈표 4-12〉에 나타나 있다. 〈표 4-12〉에 의하면 가족뿐 아니라 직장에서의 기대에 대한 부담 정도가 내집단의 크기와 정적인 상관성이 있는 것으로 나타났다. 직장으로부터의 기대를 부담스럽게 생각할수록 내집단의 크기가 커진다는 것은 어떻게 해석할 수 있을까? 직장에서의 기대는 가족과의 기대보다 성취 지향적이다. 직장에서 업무를 통해 보다 많은 성과를 만들어내야 한다는 기대가 탈북성인들에게는 더 큰 부담과 스트레스를 야기할 수 있으며, 이러한 부담은 역설적으로 내가 속한 사적인 관계 즉 내집단이라고 할 수 있는 관계의 확대를 추구하게 하는 것으로 생각해 볼 수 있다.

표 4-12 탈북 후 자신에 대한 기대 부담과 관계망 크기와의 상관관계

	M(SD)	돈 빌려줌	나에게 자녀 맡김	가족 문제 의논	내 편지 뜯어 봐도됨	연락 없이 집 방문	비밀 말할 수 있음	반말 해도 됨
가정에서 거는 기대 부담	3.07 (1.01)	.19**	.19**	.24**	.12*	.24**	.24**	.24**
직장에서 거는 기대 부담	2.99 (1.05)	.12*	.11*	.16**	.12*	.16**	.26**	.17**

* p<.01; ** p<.05

4. 타인의 불신에 대한 지각과 공·사적 관계

타인에 대한 불신은 세 개의 문항으로 측정되었다. '사람들은 나를 신뢰하지 않았다', '사람들은 나의 능력을 과소평가했다', '사람들은 나를 도와주지 않았다'라는 문항인데 이는 타인이 자기 자신에 대해 부정적으로 평가하고 있다고 생각하는 정도를 의미한다. 이 문항들도 탈북하기 전 북한사회에서 경험했던 바와 현재 한국에서 생활하면서 경험하는 바를 시차를 두고 질문하였다. 앞의 다른 문항과 마찬가지로 이 문항들도 '전혀 그렇지 않다'(1점)에서 '매우 그렇다'(5점)까지 리커트 척도이며, 점수가 높을수록 타인의 불신에 대한 지각 수준이 높은 것을 의미한다.

먼저 탈북성인들이 북한에 있었을 때 경험한 불신 수준과 현재 남한성인들이 지각하는 불신의 수준을 살펴본 결과, 탈북성인과 남한성인 모두 전반적으로 그 수준은 높은 편이 아니었다. 두 집단을 비교해 보았을 때는 탈북성인들이 북한에서 느꼈던 불신의 수준이 더 높은 것으로 나타났다. 이 결과가 탈북성인들의 특성에서 비롯된 것인지, 아니면 북한사회의 전반적인 신뢰수준을 반영한 것인지는 분명하지 않다. 탈북성인들은 북한에서의 삶에 만족하지 못했기 때문에 새로운 삶의 기회를 찾아 온 사람들이다. 따라서 이들이 북한사회에서 느꼈을 불신과 불만족 수준은 북한주민들의 평균적인 수준보다 더 높을 것이다(표 4-13 참조).

탈북 전과 탈북 후의 수준을 비교해봤을 때, 통계적으로 유의한 차이가 발견되지 않았다. 이는 탈북성인들이 북한에서 느꼈던 타인에 대한 불만족과 불신 수준이 남한에서 그대로 유지되고 있다는 것을 의미한다. 다른 사람들이 나를 신뢰하지 않고, 나의 능력을 과소평가하며, 나를 도와주지 않는다고 생각하는 것은 궁극적으로 사회에 대한 불만족을 의미하며, 상대적 박탈감과 관련될 것이다(표 4-14 참조).

타인으로부터의 불신과 관계망의 크기 사이의 상관관계를 살펴보자. 〈표 4-15〉, 〈표 4-16〉에서 볼 수 있듯이 사회적 박탈감의 경우와 마찬가지로 남한

표 4-13 탈북성인(탈북전)과 남한성인의 타인의 불신에 대한 지각 비교

문항	집단	N	M (SD)	t
사람들이 나를 신뢰하지 않음	북한	363	2.43 (1.11)	6.88***
	남한	269	1.90 (.85)	
사람들이 나의 능력을 과소평가	북한	366	2.39 (1.09)	1.69
	남한	271	2.25 (.91)	
사람들이 나를 도와주지 않음	북한	366	2.38 (1.11)	3.40**
	남한	271	2.11 (.86)	

** p<.05; *** p<.001

표 4-14 탈북성인의 타인 불신에 대한 지각: 탈북 전 후 차이

문항	N	탈북전-탈북후 M (SD)	t
사람들이 나를 신뢰하지 않음	360	.09 (1.44)	1.14
사람들이 나의 능력을 과소평가	362	.02 (1.50)	.28
사람들이 나를 도와주지 않음	363	.13 (1.42)	1.74

* p<.01; ** p<.05; *** p<.001

표 4-15 탈북 전후 자신에 대한 불신감과 관계망 크기의 상관관계

시기 구분		M (SD)	돈 빌려줌	나에게 자녀 맡김	가족 문제 의논	내 편지 뜯어 봐도됨	연락 없이 집 방문	비밀 말할 수 있음	반말 해도 됨
탈북 전	사람들이 나를 신뢰하지 않음	2.43 (1.11)	-.04	-.08	-.05	-.10	-.09	-.06	-.09
	사람들이 내 능력 과소평가	2.39 (1.09)	-.12*	-.09	-.11*	-.13*	-.13*	-.11*	-.04
	사람들이 나를 도와주지 않음	2.38 (1.11)	-.12*	-.08	-.07	-.15**	-.14**	-.13*	-.05
탈북 후	사람들이 나를 신뢰하지 않음	2.37 (1.14)	.19**	.25**	.24**	.10	.21**	.21**	.19**
	사람들이 내 능력 과소평가	2.37 (1.19)	.29**	.32**	.32**	.16**	.28**	.31**	.31**
	사람들이 나를 도와주지 않음	2.25 (1.17)	.19**	.20**	.21**	.07	.18**	.24**	.21**

* p<.01; ** p<.05

표 4-16 남한성인의 자신에 대한 불신감과 관계망 크기와의 상관관계

	M (SD)	돈 빌려줌	나에게 자녀 맡김	가족 문제 의논	내 편지 뜯어 봐도됨	연락 없이 집 방문	비밀 말할 수 있음	반말 해도 됨
사람들이 나를 신뢰하지 않음	1.90 (.85)	.05	−.00	−.03	−.03	−.04	−.05	.05
사람들이 내 능력 과소평가	2.25 (.91)	.01	.02	−.03	−.09	.06	−.08	.05
사람들이 나를 도와주지 않음	2.11 (.86)	−.07	−.13*	−.10	−.01	−.02	−.07	−.07

* $p<.01$

성인들은 타인으로부터의 불신 수준과 관계망의 크기 사이에 유의한 관계가 나타나지 않았다. 그러나 탈북성인의 경우에는 북한에 있을 때 다른 사람들이 나를 제대로 평가하지 않는다는 인식은 내집단의 크기와 부적인 연관성이 있었다. 타인이 나를 정당하게 평가하거나 도와주지 않는다고 생각할수록 내집단의 크기가 작아지는 것으로 나타났는데, 이는 일반적인 관계에 대한 불신과 부정적인 평가가 내집단과 외집단의 경계를 명확하게 구분하게 하고, 소수로 구성된 내집단을 유지시키는 데 기여하는 것으로 해석해 볼 수 있다.

흥미롭게도 남한사회에 온 이후 이러한 경향성은 다른 양상으로 나타났다. 북한에서 있었을 때와 다르게 타인이 나를 신뢰하지 않거나 도와주지 않고, 나의 역량을 과소평가하고 있다고 생각할수록 내집단의 크기가 커지는 것으로 나타났다. 이러한 결과는 탈북성인들의 현재 준거집단이 누구인지를 파악하는 것이 중요하다는 점을 시사한다. 제3장에서 밝힌 바와 같이 일반적으로 북한주민들은 가족, 특히 부모를 가장 가깝고 신뢰할 수 있는 관계로 생각하는 반면 친구나 이웃 등은 사적인 행위가 허용되는 관계에 포함하지 않는 경우가 많다. 탈북성인들이 북한에서 생활할 때 이들의 내집단은 부모, 형제로 구성된 가족일 가능성이 높다. 나와 혈연관계에 있는 소수의 사람들은 구별된 내집단이고, 사회와 타인에 대한 불신이 높을수록 내집단의 유대감은 더 공고해진다. 반면, 탈북성인들이 남한에 온 후 이들의 내집단은 남한 사람과 구분

되는 북한 출신의 사람들이다. 남한사회와 남한 사람들에 대한 불신과 부정적 평가가 커질수록 탈북성인들은 혈연관계의 가족뿐 아니라 같은 처지에 있는 탈북인들끼리 내집단을 구성함으로써 관계와 결속을 더 공고히 한다. 다른 사람들(외집단)이 나를 신뢰하지 않고 나를 도와주지 않을 때라도 내가 속한 집단의 사람들은 나를 신뢰하고 나를 도와줄 것이며, 이러한 관계를 공고히 하기 위해서는 나도 그들을 기꺼이 돕고 신뢰해야 하는 것이다.

제5장

공적 맥락에서의 의사소통

의사소통은 의미와 감정을 창조하고 전달하는 과정이다. 동일한 의미나 메시지도 관계나 맥락에 따라 다른 방식으로 전달되거나 해석될 수 있으며, 의사소통 양식을 통해 관계의 친밀도나 권력관계를 파악할 수 있다. 앞에서는 사적인 영역에 침범할 수 있는 것으로 여겨지는 행위와 관계, 다양한 감정을 표출시킬 수 있는 대상과 범위를 살펴봄으로써 탈북인의 공·사적 관계의 경계를 파악해 보았다면, 여기서는 공적인 맥락에서 이루어지는 의사소통의 특성을 파악하기 위해 학교와 직장에서의 의사소통 유형을 알아보았다. 학교에서는 주로 교사와 학생 사이의 수직적인 의사소통에 초점을 맞추고, 직장에서는 수직적인 관계와 수평적인 관계를 모두 포함하여 소통이 이루어지는 방식을 알아보았다. 이러한 접근을 통하여 공적인 영역에서의 인간관계와 행위 코드를 파악하고, 공적인 영역에서의 의사소통 양식에 영향을 미치는 요인들을 살펴보고자 한다.

1. 학교에서의 의사소통

교사와 학생 간의 일상적인 상호작용 방식을 살펴보고, 특히 교사가 학생

표 5-1 교사-학생 간 의사소통 태도의 하위범주와 평가 문항

	문항내용
수용적	교사는 학생들의 말을 끝까지 들어주었다.
	학생들은 교사에게 마음을 터놓고 대화를 했다.
	교사는 학생들이 질문에 대해 생각하고 대답할 시간을 충분히 주었다.
	교사는 학생의 이해를 돕기 위하여 여러 가지 방법을 사용하여 설명해 주었다.
	교사는 학급의 중요한 일을 학생의 의견을 묻고 결정했다.
촉구적	교사는 편지나 게시물 등의 방식으로도 학생의 의견을 들었다.
	교사는 학생과 눈을 맞추며 이야기한다
	교사는 무엇이든 학생 스스로 하는 것을 중요하게 생각했다.
명령적	교사는 학생에게 주로 "하라", "하지 마라"는 식으로 말했다.
	교사는 학생들을 꾸짖을 때도 설득하듯이 말했다(역부호화).

들의 의견이나 생각을 어떤 방식으로 격려하고 처리하는지를 알아보기 위한 것으로, 이는 교사-학생 의사소통 유형과 관련된 강재원(1994)의 지표를 참고로 구성하였다. 본 문항들은 교사-학생 간 의사소통 유형 중에서도 언어적 의사소통에 국한시켰으며, 교사의 경청태도와 의사소통 행위를 기준으로, 그 중에 세 개의 범주를 참고하여, 총 10문항으로 구성하였다. 문항에 대한 응답은 '전혀 그렇지 않다'(1점)에서 '매우 그렇다'(5점)까지 점수가 높을수록, 각 유형 특성에 대한 정도가 강함을 의미한다.

교사-학생 간 의사소통은 크게 수용적 경청 태도, 촉구적 의사전달 태도, 명령적 의사전달 태도로 구분되는데 이들은 각각 5문항, 3문항, 2문항으로 평가되었다. 그 구체적인 문항은 다음 〈표 5-1〉에 제시되어 있다.

각 유형의 의사소통 태도는 범주에 속한 문항점수의 평균으로 계산하였으며, 명령적 의사전달태도의 경우 부정적인 문항 내용 특성에 따라 역부호화를 통해 분석에 사용하였다.

1) 교사-학생 의사소통에 대한 지각

교사와 학생 간의 의사소통은 교사와 학생들 간의 일상적인 상호작용의 방

표 5-2 탈북성인과(탈북 전)과 남한성인의 교사-학생 의사전달태도에 대한 지각

	수용적 경청	촉구적 의사전달	명령적 의사전달
탈북성인	3.21	3.24	3.57
남한성인	2.78	3.04	3.30
t	−6.23***	−2.77**	−4.32***

** $p<.01$; *** $p<.001$

식을 보여주는 동시에, 교사가 학생들의 생각이나 의견을 어떤 방식으로 장려하거나 혹은 억압하는지를 보여주는 지표이다. 북한사회에서 주민들이 느끼는 교사와 학생 간의 관계가 남한사회와 어떻게 다른지를 알아보기 위하여 동일한 문항으로 구성된 질문을 탈북성인과 남한성인에게 각각 질문하고 그 응답을 비교해 보았다. 남한사회의 학교에서 이루어지는 교사-학생 간 의사소통 양식을 파악하기 위해 개발된 척도를 북한사회의 학교에 그대로 적용하는 것이 문제가 없는 것은 아니지만 응답수준의 일차적 비교를 위해 적용해 보았다. 그 결과는 〈표 5-2〉에 제시되어 있다.

학교에서의 의사소통 양식을 비교해 본 결과, 두 집단 모두 명령적 의사전달 점수가 가장 높았고, 수용적 경청태도 점수가 가장 낮았다. 학교라는 환경에서 교사가 학생들에게 의사소통할 때 수용적인 태도보다는 명령적이고 권위적인 태도로 한다는 것을 보여준다. 두 집단을 비교하였을 때는 수용적 경청, 촉구적 의사전달, 명령적 의사전달 점수 모두 탈북성인들의 점수가 남한성인들의 점수보다 높았다.

이러한 결과가 혹시 집단 간 연령이나 성별구성에 따른 차이에서 비롯된 것이 아닌지를 알아보기 위해 연령과 성별을 통제한 회귀분석을 실시하였다. 〈표 5-3〉에 의하면 수용적 경청태도와 명령적 의사전달 태도의 결과는 달라지지 않은 반면, 촉구적 의사전달태도의 유의성은 사라졌다. 즉, 연령과 성별을 통제한 후에도 탈북성인들이 교사의 의사소통 양식을 평가하는 내용이 남한성인과는 다르다. 북한사회의 학교에서 교사들이 학생들을 대하는 태도가 좀 더 복합적인 것으로 보이는데 한편으로는 학생들의 말을 끝까지 듣거나

표 5-3 탈북성인(탈북 전)과 남한성인의 교사-학생 간 의사전달태도에 대한 지각: 성별, 연령통제

	수용적 경청태도 (N=601)		촉구적 의사전달태도 (N=601)		명령적 의사전달태도 (N=601)	
	B	β	B	β	B	β
상수	2.91		3.24		3.42	
집단						
북한(남한=0)	.37***	.21	.11	.06	.25***	.16
성별						
남성(여성=0)	−.20**	−.11	−.21**	−.12	.03	.02
연령						
20대	−.19	−.05	−.14	−.04	−.18	−.06
30대	−.13	−.07	−.22*	−.12	−.18*	−.11
50대	.01	.00	−.10	−.04	$-.18^{+}$	−.09
60대	.17	.07	.16	.07	−.11	−.05
F	8.78***		4.45***		3.97**	
R^2	.08		.04		.04	

$^{+}p<.10$; * $p<.05$; ** $p<.01$; *** $p<.001$; 연령의 준거집단은 40대임

학생이 충분히 의사전달을 하도록 시간을 주는 반면, 교사가 학생에게 말을 할 때는 명령조로 명확하게 하는 것으로 보인다. 이러한 차이는 남북한 학교에서의 의사소통 양식의 차이일 수도 있고, 교사들에 대한 응답자들의 주관적 평가의 차이를 반영하는 것일 수도 있다.

2) 교사-학생 의사소통과 가족 간 의사소통 개방성

학교에서 교사와 학생 사이에 이루어지는 의사소통이 앞에서 살펴본 관계에 따라 허용되는 의사소통 유형과 어떤 관련성이 있는지를 살펴보았다. 제3장에서 살펴본 의사소통은 사적인 관계에서 허용된다고 생각되는 의사소통의 개방성 수준이었다. 배우자, 부모, 형제, 친구, 이웃, 상사와의 관계에서 어느 정도나 의사소통이 개방적으로 이루어질 수 있는지를 살펴본 결과는 각 관계의 사적 영역이 어느 정도인지를 보여준다. 이렇게 파악된 사적인 의사소통

과 학교라는 공적 맥락에서 이루어지는 의사소통과 서로 관련성이 있는지를 남북한 주민을 서로 대비시켜 보면서 파악해 보고자 한다.

앞에서 살펴본 여섯 가지 관계 유형 중에서 여기서는 부모, 형제, 상사, 친구와의 관계만을 대표적으로 살펴보았다. 부모는 가족관계 중에서 수직적인 관계를 상징하고, 상사는 가족 외적인 관계에서의 수직적 관계를 상징한다. 형제관계는 가족관계 내에서의 수평적 관계를, 친구는 가족 외적인 관계에서의 수평적 관계를 상징한다. 이러한 관계에서 이루어지는 의사소통이 학교 안에서 이루어지는 수직적인 의사소통과 어떤 관련이 있을까? 학교에서의 의사소통 중 수용적 태도와 촉구적 태도는 서로 유사하고, 또 촉구적 태도는 남북한 주민 사이에 유의한 차이가 없었으므로 여기서는 수용적 경청 태도와 명령적 의사소통 두 가지만 살펴보겠다.

전반적으로 볼 때 남한성인들은 가족 간 의사소통과 학교에서의 의사소통

표 5-4 탈북성인과 남한성인의 학교에서의 의사소통과 가족 간 의사소통의 개방성

	수용적		명령적	
	탈북성인	남한성인	탈북성인	남한성인
부모에게				
내 생각 표현	−.15**	.04	−.10	.04
남의 흉	−.40***	−.03	−.20***	−.00
부탁어려움	.09	−.03	.01	.03
반대해도 말함	−.25***	−.03	−.09	−.07
기분 맞추기	−.22***	.07	−.09	.04
잘못 지적	−.00	−.02	−.13*	.10
형제에게				
내 생각 표현	−.14*	.14*	−.12*	.08
남의 흉	−.42***	−.06	−.21***	.04
부탁어려움	−.06	.02	−.12*	−.01
반대해도 말함	−.24***	.02	−.12*	.03
기분 맞추기	−.11*	.15*	−.02	.00
잘못 지적	−.24***	.03	−.05	.07

* $p<.05$; ** $p<.01$; *** $p<.001$; 각각의 회귀계수는 각 모델에서 연령과 성별을 통제한 후 표준화된 회귀계수임

사이의 관련성이 낮은 편이었다. 〈표 5-4〉에서 연령과 성별을 통제한 후 회귀계수를 살펴보았는데, 남한성인들은 부모나 형제와의 사적 의사소통과 학교에서의 수용적, 명령적 의사소통 수준이 관련이 없고, 유일하게 형제 간에 개방적인 의사소통을 할수록 학교에서의 의사소통도 수용적이라고 평가하는 경향이 있었다. 이에 비해 탈북성인들은 부모와 형제에 대한 의사소통 개방성과 학교에서의 수용적, 명령적 의사소통 간에 부적인 연관성이 있었다.

3) 교사-학생 의사소통과 가족 외 관계 의사소통의 개방성

가족이 아닌 관계에서의 의사소통과는 어떤 관련성이 있을까? 앞에서와 마찬가지로 학교에서의 수용적, 명령적 의사소통에 대한 인식과 상사 및 친구에 대한 사적 의사소통 사이에 통계적 상관성이 있는지 알아보았다.

〈표 5-5〉를 살펴보면, 가족관계에서의 의사소통과 마찬가지로 남한성인들

표 5-5 탈북성인과 남한성인의 학교에서의 의사소통과 가족 외 관계 간 의사소통의 개방성

	수용적		명령적	
	탈북성인	남한성인	탈북성인	남한성인
상사에게				
내 생각 표현	.12*	.08	.07	.02
남의 흉	–.15**	–.04	–.22***	.07
부탁어려움	–.25***	–.09	–.11*	.09
반대해도 말함	–.14*	–.03	–.08	–.05
기분 맞추기	–.23***	–.02	–.06	.01
잘못 지적	.02	.09	–.15**	–.03
친구에게				
내 생각 표현	–.10	.19**	–.09	.04
남의 흉	–.42***	–.00	–.36***	.04
부탁어려움	–.02	–.10	–.03	.04
반대해도 말함	–.23***	–.07	–.08	.00
기분 맞추기	–.23***	–.05	–.02	–.03
잘못 지적	–.22***	.11	–.15**	–.09

* $p<.05$; ** $p<.01$; *** $p<.001$; 연령과 성별을 통제한 후 표준화된 회귀계수임

에게는 학교에서의 의사소통과 상사·친구와의 의사소통 사이에는 서로 관련성이 없었다. 상사나 친구와의 사이에서 얼마나 개방적으로 의사소통을 하는지와 학교에서 교사-학생 사이에 이루어지는 의사소통 양식은 서로 독립적이라고 볼 수 있다. 이에 비해 탈북성인들 사이에서는 이 두 가지 사이에 서로 관련성이 있는데, 학교에서의 수용적 의사소통이나 명령적 의사소통은 상사 및 친구에 대한 개방적 의사소통과 서로 부적인 상관관계가 있었다. 다시 말해 학교에서의 의사소통이 명령적이라고 생각할수록 가족 외적인 수직적 인간관계나 수평적 인간관계에서 모두 개방적 의사소통이 억제되는 것으로 나타났다.

4) 교사-학생 의사소통과 가족 간 감정 표현 수준

이번에는 가족 관계와 가족 외 관계에서 다양한 감정을 표현할 수 있는 정도와 학교에서의 의사소통 양식 간에 상관관계를 살펴보았다. 제3장에서 우리는 슬픔, 우울, 화났다는 말, 화났다는 표정, 좋아함, 사랑함, 싫어함, 실망했음, 정들었음, 정떨어졌음 등의 10가지 감정을 각각의 대상에 대해 어느 정도나 솔직하게 표현할 수 있는지를 질문하고 그 범위를 살펴보았다. 여기서는 수직적 관계로서의 부모, 상사와 수평적 관계로서의 형제와 친구에 대해서 감정을 표현할 수 있다고 한 수준과 학교에서의 수용적, 명령적 의사소통 간의 관련성을 보았다.

먼저 〈표 5-6〉에 따르면, 남한성인들에게서는 수직적 관계에서 좋아한다고 표현할 수 있는 정도와 학교에서의 수용적 의사소통이 서로 정적인 상관관계가 있는 것으로 나타났다. 학교에서 교사와 학생 간 상호작용이 수용적으로 이루어진다고 생각할수록 부모와 직장상사에게 애정의 표시를 하는 정도가 높아졌다. 이외의 모든 관계에서 남한성인들의 감정 표현과 학교에서의 의사소통은 관련성이 없었다.

반면 탈북성인들은 학교에서의 의사소통이 명령적으로 이루어진다고 생각

표 5-6 탈북성인과 남한성인의 학교에서의 의사소통과 가족 간 감정 표현 수준

	수용적		명령적	
	탈북성인	남한성인	탈북성인	남한성인
부모에게				
슬픔	−.12*	.03	−.02	.02
화났다고 표현	−.07	.10	−.03	−.04
좋아한다 표현	−.11*	.25***	−.05	.01
싫어한다 표현	.02	−.01	−.06	−.04
형제에게				
슬픔	−.27***	.03	−.16**	.03
화났다고 표현	−.41***	.07	−.18**	−.00
좋아한다 표현	−.24***	.17**	−.09	−.03
싫어한다 표현	−.11*	.08	−.20***	.02
상사에게				
슬픔	−.00	.07	−.12*	.00
화났다고 표현	−.06	.02	−.18*	−.00
좋아한다 표현	.03	.20**	.05	.08
싫어한다 표현	.04	.12	−.08	.02
친구에게				
슬픔	−.30***	−.05	−.23***	−.02
화났다고 표현	−.31***	.04	−.15**	.01
좋아한다 표현	−.20***	.15*	−.08	.03
싫어한다 표현	−.10	.02	−.17**	−.03

* $p < .05$; ** $p < .01$; *** $p < .001$; 연령과 성별을 통제한 후 표준화된 회귀계수임

할수록 가족 내에서나 가족 외부의 관계에서 감정 표현의 수준이 낮은 것으로 나타났다. 상사, 형제, 친구와의 관계에서 슬픔, 분노, 싫어한다는 부정적인 감정의 표현이 제한되는 것을 알 수 있다. 이상한 것은 학교에서의 의사소통이 수용적이라고 한 경우에도 가족 내부와 외부에서의 인간관계에서 감정표현이 소극적으로 나타난 것이다. 학교에서 교사와 학생 간의 의사소통이 수용적이라고 할수록 특히 수평적인 인간관계에서 슬픔, 분노, 애정의 표시가 소극적으로 제한되는 경향이 나타났다.

2. 직장 내 의사소통

직장은 또 다른 공적인 영역이다. 학교가 아동기 및 청소년기에 주로 경험하는 공적인 영역이라면 직장은 성인기에 경험하는 공적인 영역이다. 학교에서 수직적 관계와 수평적 관계에서의 의사소통 양식을 배우고 사회화된다면, 직장에서는 습득된 의사소통 양식이 더욱 강화되는 곳이다. 그러므로 일상생활 중에 이루어지는 상호작용 중 직장이나 일터에서 알게 된 사람들과의 상호작용은 가장 공식적인 특성을 갖는다. 여기서는 직장에서의 상하관계 간에, 공식적·비공식적 모임 간에 의사소통 유형 및 위계성을 파악하고자 하였으며, 이러한 의사소통 특성이 직장 외 관계에서의 개방적 의사소통을 하는 수준이나 자신의 다양한 감정을 노출시키는 수준과 관련이 있는지를 알아보았다. 직장에서의 의사소통 양식이 가족 내부적인 관계에서나 혹은 친구관계에서의 의사소통에도 영향을 주고 받을 수 있을 것으로 보았다.

직장 내에서의 의사소통 양식을 파악하기 위해서 최기석(2003)의 연구를 참고하여 문항을 구성하였다. 직장에서 운용되고 있는 의사소통의 유형과 방향에 따라 하향적, 상향적, 양방향적, 수평적, 비공식적 의사소통으로 범주화하였으며, 총 8문항으로 구성하였다. 구체적인 문항은 다음 〈표 5-7〉에 제시되어 있다.

표 5-7 직장에서의 의사소통 양식의 하위범주와 평가 문항

구분	문항내용
하향적	나는 중요한 결정 시 나의 생각보다 상급자의 지시에 따르는 경우가 많았다.
	나는 하급자의 잘못된 판단이나 행동에 대해 지적하는 편이었다.
상향적	나는 하급자의 의견을 업무에 반영하려 노력하는 편이었다.
	나는 상급자에게 개인적 문제도 자연스럽게 표현하는 편이었다.
양방향적	나는 원활한 업무추진을 위해 상대방과 의견교환하려고 노력했다.
	나는 회의 시 자유로운 의견교환을 통해 결론이 도출되도록 노력하는 편이었다.
수평적	우리 작업장은 동료들과의 의사소통이 활발하며 자유스러운 분위기라고 생각했다.
	나는 동료들과의 인간관계 형성을 위해 노력했다.

각 유형의 의사소통 양식은 범주에 속한 문항점수의 평균으로 산출하였으며, 각 문항은 '전혀 그렇지 않다'(1점)에서 '매우 그렇다'(5점)까지 응답하도록 되어 있고, 점수가 높을수록 각 범주의 특성에 대한 성향이 높음을 의미한다.

1) 직장 내 의사소통에 대한 지각

이러한 의사소통 양식의 하위 차원들은 서로 독립적이다. 상향적 의사소통의 반대가 하향적 의사소통은 아니라는 의미이다. 또한 하향적 의사소통의 반대가 양방향적 의사소통도 아니다. 의사소통 차원 간에는 서로 정적인 상관관계가 있으며, 이는 남한성인들이나 탈북성인들이나 마찬가지이다. 하나의 직장 내에서 상향적 의사소통과 하향적 의사소통이 동시에 이루어질 수 있으며, 양방향적 의사소통도 동시에 이루어질 수 있다. 다만 의사소통 하위 차원들 간의 상관관계는 남한성인에게서보다 탈북성인에게서 더 높게 나타났다. 여기서는 직장 내 의사소통의 차원을 각각 살펴보고자 한다.

연령과 성별을 통제한 상태에서 남북한사회의 직장 내 의사소통 양식을 비교한 결과는 〈표 5-8〉에 제시되어 있다.

직장 내 의사소통 양식을 네 가지 차원에서 비교해 볼 때 북한사회에서의 직장 내 의사소통은 상향적인 의사소통 즉 하급자의 의견이 업무에 반영되는 정도가 더 낮으며, 회의 등을 통해 상대방과 자유롭게 의견교환이 되는 양방향적 의사소통의 정도도 더 낮은 것으로 나타났다. 탈북성인에게서 동료들과의 자유로운 인간관계나 의사소통의 정도를 보여주는 수평적 의사소통도 더 낮았다. 이러한 결과는 북한사회 내 기업소와 작업장으로 대표되는 공적인 영역에서의 의사소통이 양방향적이라기보다는 상명하달식의 위계적으로 구성되어 있고, 조직구성원의 자유로운 의사소통이 상대적으로 원활하지 않은 것으로 해석해 볼 수 있다. 그러나 직장에서 이루어지기 쉬운 하향적인 의사소통 정도는 두 집단 모두 비슷한 수준으로 차이가 없었

표 5-8 탈북성인(탈북 전)과 남한성인의 직장 내 의사소통양식에 대한 지각: 성별, 연령 통제

	하향적 (N=609)		상향적 (N=603)		양방향적 (N=604)		수평적 (N=601)	
	B	(SE)	B	(SE)	B	(SE)	B	(SE)
상수	3.49	(.08)	3.30	(.08)	3.87	(.08)	3.64	(.08)
집단								
북한(남한=0)	.11	(.07)	−.49***	(.07)	−.79***	(.07)	−.31***	(.07)
성별								
남성(여성=0)	.07	(.07)	.14*	(.07)	.06	(.07)	−.01	(.07)
연령								
20대	−.20	(.13)	−.08	(.14)	−.34*	(.14)	−.18	(.13)
30대	−.19*	(.08)	−.14	(.09)	−.07	(.09)	−.07	(.08)
50대	−.02	(.10)	.11	(.10)	.09	(.10)	.07	(.10)
60대	.02	(.10)	.32**	(.11)	.23*	(.10)	.14	(.10)
F	2.42*		11.74***		24.57***		4.61***	
R^2	.02		.11		.20		.04	

* p<.05; ** p<.01; *** p<.001주: 연령의 준거집단은 40대임

다. 다음에서 이러한 의사소통 양식이 일상생활에서 다양한 관계 속에서 이루어지는 의사소통 양식이나 감정 표현 정도와 관련이 있는지 알아보고자 한다.

2) 직장 내 의사소통과 가족관계 및 가족 외 관계의 의사소통 개방성

직장에서의 의사소통과 관계에 따른 사적인 의사소통의 정도 사이의 관련성이 있는지를 알아보기 위해, 앞에서와 마찬가지로 가족관계와 가족 외 관계로 부모, 형제, 상사, 친구를 선택하여 이들과의 의사소통 개방성 정도가 직장에서의 의사소통과 관련이 있는지를 회귀분석을 통해 알아보았다(표 5-9). 여기서 의사소통의 개방성이란 자신의 의견, 그 의견이 자기 자신에 관한 것이든, 제3자에 관한 것이든, 상대방에 관한 것이든 솔직하게 이야기할 수 있는 것을 의미한다. 직장에서의 의사소통은 크게 하향적 의사소통과 상향적 의사

표 5-9 탈북성인과 남한성인의 직장에서의 의사소통 유형과 가족 간 의사소통의 개방성

	하향적		상향적	
	탈북성인	남한성인	탈북성인	남한성인
부모에게				
내 생각 표현	.24***	.05	.16**	.09
남의 흉	.21***	.02	.13*	.10
부탁어려움	−.05	.02	.12*	−.09
반대해도 말함	.31***	.04	.25***	.21**
기분 맞추기	.25***	.17**	.25***	.19**
잘못 지적	.02	.01	.28***	.16*
형제에게				
내 생각 표현	.15**	.20**	.20***	.20**
남의 흉	.14*	.07	.12*	.03
부탁어려움	−.08	.06	.04	.01
반대해도 말함	.17**	.12	.28***	.15*
기분 맞추기	.11*	.15*	.32***	.18**
잘못 지적	.24***	.16*	.32***	.26***
상사에게				
내 생각 표현	.11*	.08	.38***	.34***
남의 흉	.06	.07	.29***	.27***
부탁어려움	.19***	.24	.09	−.19**
반대해도 말함	.18**	−.05	.32***	.25***
기분 맞추기	.20***	.14*	.16**	.07
잘못 지적	.04	.03	.35***	.25***
친구에게				
내 생각 표현	.17**	.18**	.26***	.16*
남의 흉	.24***	.12	.20***	.09
부탁어려움	.15**	.03	.17**	−.08
반대해도 말함	.28***	.03	.31***	−.07
기분 맞추기	.23***	.02	.20***	.04
잘못 지적	.20***	.17**	.31***	.17**

* $p<.05$; ** $p<.01$; *** $p<.001$; 각각의 회귀계수는 각 모델에서 연령과 성별을 통제한 후 표준화된 회귀계수임

소통만 살펴보았다.[1]

전반적인 경향은 학교에서의 의사소통 양식과 비교해 보았을 때와 비슷하

다. 남한성인들에게서는 직장 내 의사소통 양식과 부모, 형제, 친구 사이의 의사소통 사이에는 별로 관련이 없는 반면, 탈북성인들에게서는 이들 사이의 의사소통이 서로 관련성이 높다. 부모, 형제, 상사. 친구와의 관계 중에서 상사와의 관련성은 남북한 주민 모두 직장과의 의사소통 양식과 밀접한 관련이 있다. 그러나 그 외의 관계에서 남한성인들은 직장 내의 의사소통이 상향적이든 하향적이든 상관이 없다. 예를 들어, 직장에서의 의사소통이 상향적이라고 해서 친구와의 의사소통 개방성 정도가 크게 달라지는 것은 아니다. 그러나 탈북성인들에게는 이 두 가지가 서로 상관이 있다.

먼저 부모와의 관계에서 이루어지는 의사소통 개방성을 살펴보면 남한성인이나 탈북성인들은 직장에서 의사소통이 상향적으로 이루어진다고 생각하는 정도와 부모에게 솔직하게 의사소통하는 정도가 서로 관련성이 있다. 그런데 직장에서의 하향적 의사소통과 부모와의 의사소통 개방성 관계는 조금 다른 방식으로 나타났다. 남한성인들에게는 이 두 가지가 서로 유의한 관련성이 없는 반면, 탈북성인들은 직장의 의사소통이 하향적일수록 오히려 부모에 대한 개방적인 의사소통 수준이 높은 것으로 나타났다.

한편, 다른 가족관계이면서 가족 내에서 부모보다는 다소 수평적 관계에 가까운 형제와의 의사소통과 직장 내 의사소통 사이의 관계는 탈북성인과 남한성인이 서로 비슷하다. 두 집단 모두 직장에서 상향적인 의사소통이 이루어진다고 생각할수록 형제와의 의사소통 개방성도 높아지는 경향이 있다. 또한 직장 내에서의 의사소통이 하향적이라고 할수록 두 집단 모두 형제와의 의사소통 개방성이 높아지는 경향이 있다. 앞에서 언급한 바와 같이 상향적인 의사소통과 하향적인 의사소통은 서로 별개의 차원이며, 양자 간의 상관관계가 부적으로 나타나는 것이 아니라 정적으로 나타난다. 그렇다고 하더라도 직장에서의 하향적 의사소통이 가족 내의 수평적 관계에서의 개방적 의사소통과

---

1 양방향적 의사소통과의 관계는 상향적 의사소통과의 관계와 유사한 패턴으로 나타났고, 수평적 의사소통과는 대체로 관련성이 낮은 것으로 나타났다.

왜 정적인 관련성이 있는지를 생각해 볼 필요가 있다. 직장에서 상급자가 지시적으로 의사를 전달하고 하급자의 의견이 상부로 전달되기 어려울수록 가족관계 내에서는 이와 다른 방식의 의사소통에 대한 필요성이 높아지기 때문에, 또는 공적 영역의 의사소통 양식과 사적 영역의 의사소통 양식이 다르기 때문에 이러한 현상이 나타날 수 있다.

상사와의 관계에서의 의사소통은 직장 내 의사소통 양식이나 문화와 직접적인 관련이 있을 것이다. 직장 내의 의사소통이 상향적이라면 상사에게 보다 솔직하고 개방적으로 자신의 의견을 이야기할 수 있고 상사의 잘못도 지적할 수 있을 것이다. 예상한 바와 같이 직장 내 상향적 의사소통은 남북한 주민에게 모두 상사에 대한 솔직한 의사소통과 정적인 관련이 있다. 직장 내의 의사소통 통로가 수직적인 관계나 수평적인 관계에서 상호 열려 있다면 상사에게 자신의 의견을 피력할 수 있는 정도가 높아질 것이다. 직장 내의 하향적 의사소통 양식은 남한성인들에게는 상사와의 솔직한 의사소통에 유의한 영향을 미치지 않았으나, 탈북성인들은 직장에서 하향적인 의사소통이 이루어질수록 자기 의견을 표현하는 정도나 반대를 무릅쓰고 말하는 정도가 높아지고, 또 동시에 상사에게 부탁하기 어렵다고 생각하는 정도나 상사의 기분을 맞춰야 하는 정도도 높아진다고 하였다.

직장에서의 의사소통 양식과 일상생활에서 친구와의 의사소통 양식이 서로 관련성이 있을까? 남한성인들을 먼저 보면, 직장 내 상향적·하향적 의사소통 양식의 정도를 높이 평가하는 사람일수록 친구에게 자기 의견을 표현하는 정도와 친구의 단점과 잘못을 솔직하게 지적할 수 있는 정도가 높아진다. 이러한 성향은 직장 내의 의사소통 양식 그 자체보다는 의사소통에 대한 민감성과 관련되는 것으로 보인다. 직장 내의 의사소통 분위기에 민감한 사람들은 자기 자신의 의견을 솔직하게 표현하는 성향도 높아지는 것으로 생각할 수 있다.

직장에서의 의사소통과 다른 인간관계에서의 감정 표현 정도는 어떤 관련성이 있을까? 여기서도 마찬가지로 직장 내에서의 상향적 의사소통과 가족 내에서의 솔직한 의사소통 간에는 유의한 정적 상관관계가 있었다. 두 집단 모두 직장 내에서 하급자가 상급자에게 의견을 자유롭게 개진할 수 있는 분위기가 조성되어 있을수록 가족 내에서 부모나 형제에 대한 솔직하고 개방적인 감정 표현 정도도 높아진다. 이와는 달리 직장 내의 하향적 의사소통 양식은 남한성인들에게는 가족관계에서의 감정 표현과 관련성이 없는 반면, 탈북성인들에게는 부분적으로 관련성이 있었다. 직장 내 의사소통이 하향적일수록 부모에게 슬픔이나 애정을 표현하는 정도는 높았지만, 분노나 싫어한다는 표현은 관련성이 없었다. 반면 하향적인 조직 의사소통 분위기가 높을수록 형제

표 5-10 탈북성인과 남한성인의 직장에서의 의사소통과 인간관계에 대한 감정 표현 상관관계

	하향적		상향적	
	탈북성인	남한성인	탈북성인	남한성인
부모에게				
슬픔	.18*	.05	.26***	.01
화났다고 표현	.05	.01	.23***	.12
좋아한다 표현	.24***	.01	.25***	.24***
싫어한다 표현	.08	−.09	.20***	−.06
형제에게				
슬픔	.19***	.10	.28***	.17**
화났다고 표현	.20***	.06	.21***	.18**
좋아한다 표현	.25***	.17*	.17**	.25***
싫어한다 표현	.12*	.04	.24***	.13*
상사에게				
슬픔	.08	.04	.25***	.38***
화났다고 표현	.24***	.00	.32***	.20**
좋아한다 표현	.23***	−.00	.19***	.33***
싫어한다 표현	.08	−.06	.27***	.16*
친구에게				
슬픔	.24***	.05	.22***	.15*
화났다고 표현	.29***	.04	.36***	.09
좋아한다 표현	.30***	.11	.15**	.18**
싫어한다 표현	.19***	.01	.30***	.03

* $p<.05$; ** $p<.01$; *** $p<.001$; 연령과 성별을 통제한 후 표준화된 회귀계수임

사이에서 솔직한 감정 표현 정도가 더 높았다. 이러한 결과는 북한사회에서 공적인 조직과 맥락에서의 의사소통 양식이 사적인 영역에서의 감정 표출 정도와 서로 관련이 있다는 것을 보여준다.

제6장

탈북청소년의 심리사회적 특성과 공·사적 관계

1. 탈북청소년의 심리사회적 특성

탈북청소년의 심리사회적 성격은 다면적 인성검사(MMPI)로 평가되었다. 다면적 인성검사(MMPI)는 미국 미네소타 대학병원의 해서웨이(Hathaway)와 맥킨리(McKinley)에 의해 개발되었으며, 검사 개발의 일차적 목표는 비정상적인 행동과 증상을 객관적으로 측정하고 진단하는 것이었다. 이후, 수많은 연구들을 거치면서, MMPI는 개인의 일반적인 성격특성 및 정신병리적 상태를 평가할 수 있는 검사로 발전하였다. 그러나 MMPI에는 청소년들에게 사용하기 부적절한 문항이 많이 포함되어 있고, 청소년들에게 특징적으로 나타날 수 있는 가족이나 학교에서의 문제, 또래 집단과의 문제 등을 다루는 내용이 전혀 포함되어 있지 않았다. 따라서 이와 같은 문제점들을 고려하여 청소년들에게 적용될 수 있는 문항들과 새로운 척도들, 청소년 규준을 마련하여 1992년 MMPI-A가 출판되었다. 한국판 검사는 〈2009년 인구 주택 총조사〉 자료에 근거하여 성별, 연령, 지역에 따라 표집된 남녀 청소년 1,534명을 규준집단으로 표준화되었다.

탈북청소년이 갖는 성격 및 심리적 특성을 알아보기 위해 한국판 다면적 인성검사-청소년용(한국판 MMPI-A)에서 네 가지 척도를 사용하였다. 사용한 척도는 내용 척도 중에서 분노 척도, 냉소적 태도 척도, 사회적 불편감 척도와 보충 척도에서 미성숙 척도이다. 조사 결과 나온 표준점수를 MMPI-A의 한국판 표준화 작업 시 시행했던 남한청소년 대상 표준 점수와 비교하여 차이를 알아보았다. 앞서 다면적 인성검사를 통해 살펴본 탈북청소년의 심리적 특성을 검사의 일반적 해석 지침에 따라 분류해서 문제성 여부를 판단하였다. 지침에 따르면, 각 척도의 T점수가 65점 이상일 때 높은 상승으로 간주되며 60점 이하인 경우는 평균 범위인 것으로 해석된다. 높은 상승은 피검자가 해당 척도의 많은 문항들에 채점되는 방향으로 응답하였음을 의미한다. 따라서 높은 점수는 피검자가 척도의 구성개념과 연관된 증상과 문제들을 더 많이 보고한 것을 의미하며, 척도의 해석 내용이 그 개인에게 적용된 가능성이 더 높다는 것을 말해 준다. 60에서 64점은 약간 높은 상승으로 간주되며, 이 점수 범위의 청소년들은 평균 범위의 청소년들보다 그 내용 척도와 관련된 증상이나 문제행동을 보일 가능성이 높지만, 이 범위에 기초한 해석은 높은 상승에 기초한 해석에 비해 신뢰도가 다소 떨어지는 것으로 간주된다. 따라서 이 연구에서 60~64점 범위의 청소년들은 해석에서 제외하였다. 각 성격영역별 사용된 도구의 특성과 그 결과는 다음과 같다.

1) 분노

청소년들의 분노 수준은 MMPI의 분노척도로 측정되었다. 청소년들의 분노 수준을 예견하는 분노척도(Adolescent-Anger)는 17문항으로 이루어져 있다. 이 척도에서 높은 점수를 보이는 청소년들은 종종 욕설을 퍼붓거나 물건을 부수거나 주먹다짐을 하고 싶은 충동을 느끼며, 때로는 실제 물건을 부수거나 파손하여 곤경에 처하기도 한다. 이들은 다른 사람에게 화를 잘 내고 참을성이 부족하여 문제를 야기한다. 자신이 원하는 대로 되지 않을 때 불끈 화를 터트리기도 하며, 다른 사람들이 자신을 재촉하거나 자신보다 앞서 가는 것을 좋아 하지 않는다. 이 척도는 임상 환자 집단을 대상으로 한 많은 연구들에서

표 6-1 탈북청소년 및 남한청소년의 분노수준 비교

구분	성별	탈북청소년			남한청소년			t
		N	M	SD	N	M	SD	
분노수준	남	48	49.15	10.39	105	51.67	11.56	−1.34*
	여	54	47.26	7.92	142	49.77	10.01	−1.84*

* p<.05

주: 남한청소년의 점수는 MMPI-A 한국판 표준화 작업에서 보고된 수치임.

외적 타당도가 입증되었다. 이 척도에서 높은 점수를 보인 청소년 환자들은 폭행이나 다른 과격 행동의 과거력을 지내고 있는 경우가 많았다. 이러한 상관 양상은 남녀 모두에서 반복 검증되었으며, 다양한 자료에 걸쳐 반복 입증됨으로써, 이 척도가 청소년의 분노 조절과 관련된 문제들의 측정치로서 타당도가 높은 것으로 인정되고 있다. 분노척도를 활용해 남북청소년의 분노수준을 평가한 결과는 다음 〈표 6-1〉과 같다.

'종종 내가 왜 그렇게 짜증을 내거나 뚱해 있었는지 도무지 이해할 수 없다', ' 나는 사람들에 대해 쉽게 참을성을 잃는다' 등의 문항으로 구성된 분노 조절 척도에서 탈북청소년과 남한청소년은 유의미한 차이를 보였다. 남학생(t=-1.34, p<.05)과 여학생(t=-1.84, p<.05) 모두 남한청소년의 분노척도 점수가 높은 것으로 나타났는데, 이는 남한청소년보다 탈북청소년이 분노 조절을 더 잘할 수 있음을 의미한다.

2) 냉소적 태도

청소년들의 염세적인 특성은 MMPI의 냉소적 태도척도로 측정되었다. 청소년들의 염세적인 태도를 측정하는 냉소적 태도척도(Adolescent-Cynicism)는 22문항으로 이루어졌다. 이 척도에서 높은 점수를 보이는 청소년들은 다른 사람들이 자신을 이용하려 하며, 이익을 얻기 위하여 공정하지 못한 수단을 사용할 것이라고 믿는다. 다른 사람들이 자신에게 잘 대해주면 숨은 동기가

표 6-2 탈북청소년 및 남한청소년의 냉소적 태도수준 비교

구분	성별	탈북청소년			남한청소년			t
		N	M	SD	N	M	SD	
냉소적 태도	남	48	49.83	11.91	105	44.08	7.15	3.1***
	여	54	50.70	10.99	142	44.10	5.41	4.22***

*** p<.001

주: 남한청소년의 점수는 MMPI-A 한국판 표준화 작업에서 보고된 수치임.

없는지를 찾으려고 한다. 사람들은 보통 이용할 목적으로 친구를 사귀기 때문에 아무도 믿지 않는 것이 가장 안전한 길이라고 믿는다. 이들은 다른 사람들이 속으로는 남을 돕기 싫어한다고 생각하며, 다른 사람들이 친절하게 다가온다고 느껴지면 오히려 경계한다. 이들은 다른 사람들이 자신을 오해하거나 질시한다고 생각한다. 타당도 연구에서, 이러한 태도에 따라 행동하는 경향을 재는 다른 측정치들과 상관이 없는 것으로 나타났다. 이는 이 척도가 행동이 아니라 태도를 재는 측정치이기 때문인 것으로 보인다. MMPI의 냉소적 태도 척도로 측정된 남북청소년의 냉소적 태도 수준의 결과는 다음 〈표 6-2〉와 같다.

'타인으로부터 동정이나 도움을 얻기 위해 자기들의 불행을 과장하는 사람이 많다', '아무도 믿지 않는 것이 가장 안전하다', '사람들은 대개 자신에게 도움이 될 것 같으니까 친구를 사귄다' 등의 문항으로 구성된 냉소적 태도 척도에서 탈북청소년과 남한청소년은 유의미한 차이를 보였다. 남학생(t=3.1, p<.001), 여학생(t=4.22, p<.001) 모두 탈북청소년의 냉소적 태도가 높은 것으로 나타났다.

한편 〈표 6-3〉에 의하면 냉소적 태도와 탈북 경험 중 제3국 체류 기간은 유의미한 관련성이 존재하는 것으로 나타났다. (x^2=19.22, df=9, p=0.023). 냉소적 태도에서 높은 점수를 얻은 탈북청소년들은 평균적인 점수를 얻은 탈북청소년들에 비해 제3국 체류 기간이 더 긴 경향을 보였다. 이는 제3국 체류기간이 길수록 험난한 탈북 과정을 겪었을 가능성이 높아지고, 이러한 가운데 다른 사람에 대한 불신과 경계심이 커지기 때문으로 이해할 수 있다.

냉소적 태도와 남한에 입국해서 머무른 기간 간의 관련성을 살펴본 결과

표 6-3 탈북청소년의 냉소적 태도와 제3국 체류기간과의 관련성

냉소적 태도	제3국 체류 기간에 대한 빈도(%)					자유도	X^2
	6개월 이하	6개월–1년	1년–2년	2년 이상	전체		
높은 상승	9(52.9)	3(17.6)	1(5.9)	4(23.5)	17(100)	9	19.22*
평균	43(59.7)	14(12.0)	3(4.2)	12(16.7)	72(100)		

*** p<.001

표 6-4 탈북청소년의 냉소적 태도와 남한 입국 연도와의 관련성

냉소적 태도	남한 입국 연도에 대한 빈도(%)									자유도	X^2
	2002	2004	2005	2006	2007	2008	2009	결측	전체		
높은 상승	1 (6.3)	0 (.0)	0 (.0)	2 (12.5)	7 (43.8)	6 (37.5)	0 (.0)	0 (.0)	17 (100)	24	26.56*
평균	0 (.0)	2 (2.8)	2 (2.8)	8 (11.3)	25 (35.2)	26 (36.6)	7 (9.9)	1 (1.4)	72 (100)		

* p<.01

〈표 6-4〉에서 볼 수 있는 것처럼 이 둘 사이에 유의미한 관련성이 존재하는 것으로 나타났다(x^2=26.56, df=24, p=0.041). 냉소적 태도에서 높은 점수를 얻은 탈북청소년들은 남한에서 생활한지 최소 1년 이상이 된 것으로 나타난 반면, 평균적인 점수를 얻은 탈북청소년들은 남한에 도착한지 얼마 안 되는 경우가 많은 것으로 나타났다. 이는 남한에서의 생활이 이들에게 타인에 대한 신뢰감을 회복시키는 데 필요한 지지를 충분히 해주지 못하고 있음을 시사하는 부분이다.

끝으로 냉소적 태도와 남한 생활에 도움을 주는 사람이 누구인가와의 유의미한 관련성도 살펴보았는데 〈표 6-5〉에 나타난 것처럼 이 둘 사이에 유의미한 관련성이 존재하는 것으로 나타났다(x^2=26.56, df=15, p=0.033). 냉소적 태도에서 높은 점수를 얻은 탈북청소년들은 자신들의 일상적 생활 영역인 학교, 가족 내의 사람보다 종교단체나 기타 영역의 사람들을 자신의 생활에 도움을 주는 사람으로 선택한 빈도가 높게 나타났다. 반면, 냉소적 태도에서 평균적인 점수를 보인 탈북청소년들은 학교, 가족 내의 사람이 자신의 생활에 가장 도움을 주는 사람이라고 선택하는 경향이 높았다. 이는 청소년들이 학교와 가

표 6-5 탈북청소년의 냉소적 태도와 남한 생활에 도움을 주는 사람과의 관련성

냉소적 태도	남한 생활에 도움을 주는 사람 선택 빈도(%)							자유도	X^2
	학교친구	선생님	가족	종교단체	기타	결측	전체		
높은 상승	2 (11.8)	3 (17.6)	4 (23.5)	5 (29.4)	2 (11.8)	1 (5.9)	17 (100)	15	26.56*
평균	11 (15.3)	30 (26.8)	23 (22.6)	1 (4.2)	6 (6.4)	1 (1.4)	72 (100)		

* $p<.01$

족 내의 지지를 충분히 느끼지 못한다면, 타인과의 관계에서 냉소적인 태도를 유지하게 됨을 보여준다.

3) 사회적 불편감

청소년들의 사회적 불편감은 다면적 인성검사의 사회적 불편감 척도로 측정되었다. 사회적인 관계 속에서 생활하는 것, 즉 다른 사람들과 함께 있는 것을 어떻게 느끼는지에 대한 태도를 측정하는 사회적 불편감 척도(Adolescent-Social Discomfort)는 24문항으로 이루어졌다. 이 척도에서 높은 점수를 보이는 청소년들은 수줍음이 많으며, 혼자 있는 것을 더 선호한다. 이들은 주변에 사람들이 있는 것을 싫어하며, 자주 다른 사람들을 피한다. 파티나 사람이 밀집된 장소, 춤이나 다른 사회적인 모임을 좋아하지 않는다. 이들은 상대방이 먼저 말을 걸지 않는 한 자신이 먼저 말하지 않으려는 경향을 보이며, 다른 사람들에게 친해지기 어렵다는 말을 듣기도 한다. 이들은 친구를 사귀는 데 어려움을 겪으며, 낯선 사람과 만나는 것을 좋아하지 않는다. 상관 연구 결과, 이 척도는 사회적 불편감 및 사회적 위축의 측정치로서 우수한 타당도를 보이는 것으로 나타났다. 이에 더하여, 여자 청소년들의 경우 이 척도 점수는 우울증 및 섭식 문제들과 정적인 상관을 보이고 공격성 및 과격 행동과는 부적인 상관을 나타내었다.

MMPI의 사회적 불편감 척도를 활용해 탈북청소년과 남한청소년의 사회

표 6-6 탈북청소년 및 남한청소년의 사회적 불편감 수준 비교

구분	성별	탈북청소년			남한청소년			t
		N	M	SD	N	M	SD	
사회적	남	48	47.67	8.39	105	54.14	11.87	−3.86***
불편감	여	54	50.43	8.92	142	53.21	10.63	−1.84*

* p<.01; *** p<.001

주: 남한청소년의 점수는 MMPI-A 한국판 표준화 작업에서 보고된 수치임.

적 불편감 수준을 측정한 결과는 다음 〈표 6-6〉과 같다.

'오랫동안 보지 못했던 사람이 먼저 내게 다가와 말 걸지 않는 한 그냥 모른 체 하고 지나친다', '주위에 사람이 있는 것이 싫다' 등의 문항으로 구성된 사회적 불편감 척도에서 탈북청소년과 남한청소년은 유의미한 차이를 보였다. 남학생(t=-3.86, $p<.001$), 여학생(t=-1.84, $p<.01$) 모두 남한청소년의 사회적 불편감을 느끼는 정도가 높은 것으로 나타났다.

한편 사회적 불편감과 부모님의 생존 여부 간에 관련성이 있는지 탐색했는데, 〈표 6-7〉에서 보는 바와 같이 이 둘 사이에는 유의미한 관련성이 있는 것으로 나타났다($x^2=16.77$, df=6, $p<0.01$). 부모님이 부재하거나 생사를 알 수 없는 탈북청소년의 경우 사회적 불편감 척도에서 높은 점수를 보이는 경향을 보였다. 이는 부모의 부재가 청소년들의 사회적 위축에 영향을 주는 요인임을 나타냄과 동시에 부모의 존재가 청소년들에게 안정적인 사회생활의 기반이 되어주는 것으로 해석할 수 있다.

또한 사회적 불편감과 남한생활에서 도움을 주는 사람이 누구인지에 대한 지각 간의 관련성도 살펴보았는데, 〈표 6-8〉에 나타난 것과 같이 이 둘 사이

표 6-7 탈북청소년의 사회적 불편감과 부모님 생존 여부와의 관련성

사회적 불편감	부모님 생존 여부에 대한 빈도(%)				자유도	X^2
	생존	부재	알 수 없음	전체		
높은 상승	4(80.0)	0(.0)	1(20.0)	5(100)	6	16.77**
평균	77(95.1)	4(4.9)	0(0)	81(100)		

** p<.05

표 6-8 탈북청소년의 사회적 불편감과 남한 생활에 도움을 주는 사람과의 관련성

사회적 불편감	남한 생활에 도움을 주는 사람 선택 빈도(%)						자유도	X^2
	학교친구	선생님	가족	종교단체	기타	전체		
높은 상승	0(.0)	1(20.0)	1(20.0)	3(60.0)	0(.0)	5(100)	15	51.26***
평균	12(14.8)	32(39.5)	26(32.1)	3(3.7)	8(9.9)	81(100)		

* $p<.01$; ** $p<.05$; *** $p<.001$

에는 약간의 관련성이 존재하는 것으로 나타났다(x^2=51.26, df=15, p<0.00). 사회적 불편감에서 높은 점수를 보이는 탈북청소년들은 평균적인 점수를 보이는 탈북청소년들에 비해 학교나 가정에서 지지를 받는 경우보다 종교단체에서 생활에 도움을 주는 사람이 더 많다고 선택하였다. 이는 자신의 일상생활 영역에서 손쉽게 자주 접촉할 수 있는 사람과의 관계가 긴밀하지 못한 청소년의 경우 사람들과 함께 있는 것을 더 힘들어하는 것을 의미하며, 사회적 불편감을 많이 느낄수록 사적 영역의 관계 맺기가 어려워짐을 시사한다.

4) 미성숙성

이 연구에서 청소년들의 미성숙성을 측정하기 위해서 MMPI-A의 미성숙 척도를 사용하였다. 미성숙 척도(Immaturity)는 MMPI-A를 위해 아처, 판코스트, 고든(Archer, Pancoast, Gordon(1994))이 개발한 척도로서, 로에빈거(Loevinger, 1976)의 자아 발달에 기초한 성숙의 개념과 MMPI에 대한 청소년들의 반응 간의 관계를 탐구한 판코스트, 아처 및 고든의 연구에 근거하여 개발되었다. 미성숙 척도는 피검자가 대인관계양식, 인지적 복합성, 자기 인식, 판단력 및 충동 조절의 측면에서 미성숙함을 반영하는 행동, 태도, 자기·타인 지각을 얼마만큼 보고하는가를 평가한다.

미성숙 척도는 모두 43문항으로 이루어져 있으며, 척도 점수가 높다는 것은 피검자가 더 미성숙하다는 것을 의미한다. 미성숙 척도는 ① 미래를 계획하기보다는 관심이 현재에 집중됨, ② 자신감의 결여, ③ 통찰과 내성의 결여,

표 6-9 탈북청소년 및 남한청소년의 미성숙성수준 비교

구분	성별	탈북청소년			남한청소년			t
		N	M	SD	N	M	SD	
미성숙성	남	48	46.9	11.6	105	52.16	9.52	−2.75***
	여	54	47.3	8.54	142	52.04	8.57	−3.47***

*** p<.001

주: 남한청소년의 점수는 MMPI-A 한국판 표준화 작업에서 보고된 수치임.

④ 인지적 복합성의 결여, ⑤ 대인관계에서의 불편감, 의심 및 소외, ⑥ 적대감과 반사회적 태도, ⑦ 자기 중심성, ⑧ 비난의 내재화와 같은 내용 영역을 포함하고 있다. 본 척도에서 높은 점수는 남녀 모두에서 학업상의 어려움 및 반항적이고 반사회적인 행동과 높은 관련을 보였다. 예를 들면, 미성숙 척도 점수가 높은 남자 청소년들은 싸움을 더 많이 하고 구금을 당한 경험이 더 많은 경험을 보였으며, 여자들은 부모와의 관계가 좋지 않고 무단결석의 경험이 더 많은 경향을 보였다. 정상 집단에 대한 연구에서, 이 척도에서 높은 점수를 보이는 청소년들은 조직화된 활동에 덜 참여하며 학교문제를 더 많이 보이는 것으로 나타났다.

'부모와 가족은 필요 이상으로 나의 결점을 찾아낸다', '내가 이미 결정을 내린 생각도 다른 사람이 뭐라고 하면 쉽게 바꾸어 버린다' 등의 문항으로 구성된 미성숙성 척도에서 〈표 6-9〉에서와 같이 탈북청소년과 남한청소년은 유의미한 차이를 보였다. 남학생($t=-2.75$, $p<.001$), 여학생($t=-3.47$, $p<.001$) 모두 남한청소년이 더 높은 미성숙성을 보이는 것으로 나타났다.

한편 미성숙성과 부모님이 살아 계신지 여부간에 관련성이 있는지 살펴보았는데, 〈표 6-10〉에서 보는 바와 같이 이 둘 사이에는 다소 유의미한 관련성

표 6-10 탈북청소년의 미성숙성과 부모님 생존 여부와의 관련성

미성숙성	부모님 생존 여부에 대한 빈도(%)				자유도	X^2
	생존	부재	알 수 없음	전체		
높은 상승	4(80.0)	1(20.0)	0(.0)	5	6	28.67***
평균	81(97.6)	2(2.4)	0(.0)	83		

*** p<.001

이 존재하는 것으로 나타났다($x^2=28.67$, df=6, $p<.01$). 미성숙성에서 높은 점수를 얻은 탈북청소년들이 평균적인 점수를 보이는 탈북청소년들에 비해 부모님이 부재한 경우가 더 많은 것으로 나타났다. 이는 부모의 부재가 청소년들을 독립적으로 만들기보다는, 바른 성장과 성숙에 부정적인 영향을 끼치고 있음을 나타낸다.

2. 탈북청소년의 자기개념과 대인관계

문장완성검사는 미완성 문장을 완성하도록 구성된 검사로 갈티온(Galtion) 자유연상검사(Free Association Test)와 커텔(Cattell) 단어연상검사(Word Association Test), 크레펠린(Krapelin)과 융(Jung)의 임상적 연구를 토대로 만들어졌다. 본 연구에서는 청소년용 문장완성검사에 탈북청소년의 특수성을 감안한 문항을 추가하여 총 27문항을 사용하였다. 검사는 어머니, 아버지 및 가족에 대한 태도를 측정하는 가족영역, 이성관계에 대한 태도를 포함한 사회적인 개인으로서 남성, 여성, 결혼, 성적관계에 대한 반응을 묻는 성적영역, 친구와 지인, 권위자에 대한 태도를 포함하는 대인관계 영역, 자신의 능력, 과거, 미래, 두려움, 죄책감, 목표 등에 대한 태도를 포함하는 자기개념 영역으로 구성되어 있다. 청소년들의 미완성 문장에 대한 반응은 내용분석을 통해 긍정, 중립, 부정으로 나누어 특정 대상이나 영역에 대한 청소년들의 태도와 감정 등을 분석하였다.

1) 탈북청소년의 자기개념

자신에 대한 태도를 알아보기 위한 자기개념 영역에서는 나에 대한 인식, 나의 좋은 점, 문제가 되는 점, 과거, 필요한 것을 물어보았다. 먼저 나에 대한 인식을 묻는 '나는'이라는 주어에 청소년들은 '공부를 열심히 해야 한다', '자격증을 따야 한다', '대학에 가야 한다', '열심히 살아야 한다' 는 등 자신의 모습을 앞으로의 성취·성실한 생활태도와 연결한 경우가 44%를 차지했으며, 나는 '성공할 것이다', '잘 될 것이다', '부자가 될 것이다' 등의 낙관적 미래상을 제시한 경우는 9%로, 절반 이상이 장래 자신의 모습에 대한 태도를 언급했다. 나는 '소중하다', '유일하다'는 내용의 자신의 존재감을 강조한 경우가 15%, 나는 '착하다', '바르다'는 내용의 긍정적 성격을 강조한 경우가 7%, 나는 '잘생겼다', '예쁘다'는 내용의 외모에 대한 만족감을 표현한 경우가 6%로, 총 28%의 청소년이 현재의 높은 자존감을 표출했다. 반면, 자신은 '별로이다(2%)', '한심하다(5%)'며 부정적 자기상을 표출한 경우는 7%로 나타났다. 기타 내용으로는 나는 '치료되는 중이다', '나다' 등으로 나에 대한 혼합된 정서, 태도 등을 나타냈다.

'나의 좋은 점은'이라는 주어에 청소년들은 '착하다' '좋은 사람이다' 등의 긍정적 성격을 가장 많이 언급했으며(31%), '남을 잘 도와준다', '다른 사람을 생각한다' 등의 이타적인 측면도 24%에서 답했다. 나는 '성실하다', '열심히 산다'라고 답한 경우가 21%, '사교적이다(12%)', '적극적이다(5%)'라고 답한 경우가 뒤를 이었다.

'나에게 가장 문제가 되는 것은'이란 물음에 청소년들은 학업에 대한 언급을 가장 많이 했으며(19%), '화를 잘 낸다', '욱한다', '고집이 세다' 등의 부정

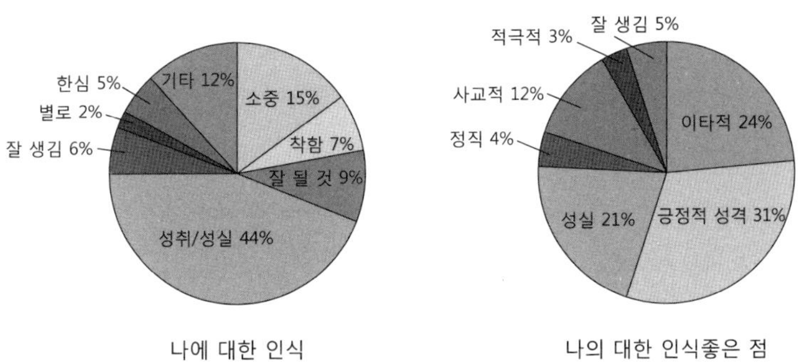

그림 6-1 탈북청소년의 자기개념: 나에 대한 인식, 나의 좋은 점

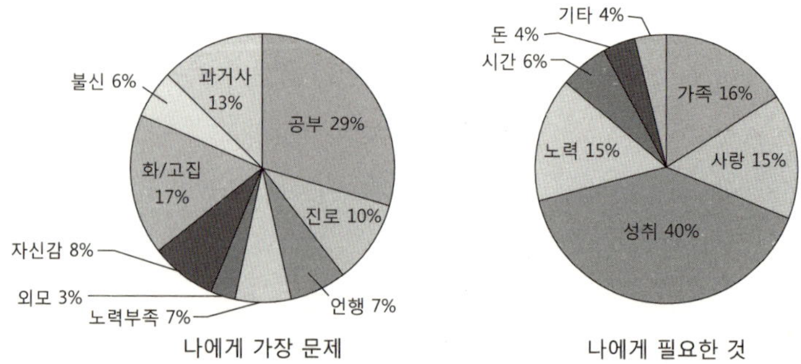

그림 6-2 탈북청소년의 자기개념: 나에게 문제가 되는 것, 나에게 필요한 것

적 성격에 대한 언급(17%)이 뒤를 이었다. '탈북자라는 사실', '혼자 살아남았다' 등 불행한 과거사, 가정사를 이야기한 경우가 13%, 막막한 진로에 대해 언급한 경우는 10%로 나타났다. 이 밖에 자신감 부족(8%), 자신의 어투나 행동(7%), 노력부족(7%)에 대한 내용도 있었으며, 다른 사람들에 대한 불신감이 자신에게 문제라고 답한 경우(6%)도 있었다.

'나에게 가장 필요한 것은'이란 주어에 청소년들은 '공부를 잘 해야 한다', '제빵사 자격증을 따야 한다' 등 성취에 관한 응답이 40%, '시간을 아껴 열심히 살아야 한다' 등 노력에 관한 응답이 15%로 나타나 과반수 이상이 미래를 위한 준비를 이야기했다. '부모님' 등 가족이 필요하다는 응답이 16%, '따뜻한 관심', '나를 아껴주는 사람' 등 사랑과 관계된 응답이 15%로 나타나 정서적 울타리를 갈구하고 있는 모습도 보였다. 시간(6%), 돈(4%)으로 대답한 경우도 있었으며, 기타 의견으로는 매력적인 외모 등이 있었다.

'가장 행복했던 시간은'이라는 주어에 가족과 함께했던 과거라고 응답한 경우가 35%, '부모님 소식을 들었을 때', '동생을 만났을 때' 등 가족과의 재회라고 응답한 경우가 25%로 전체 60%의 경우가 가족관련 시간을 답했다. '친구들과 게임할 때', '이성친구와 있을 때' 등 친구와의 시간이라고 답한 경우가 13%, 한국에 도착한 순간을 답한 경우가 9%, 혼자 있는 시간이라고 답한 경우는 9%로 나타났다.

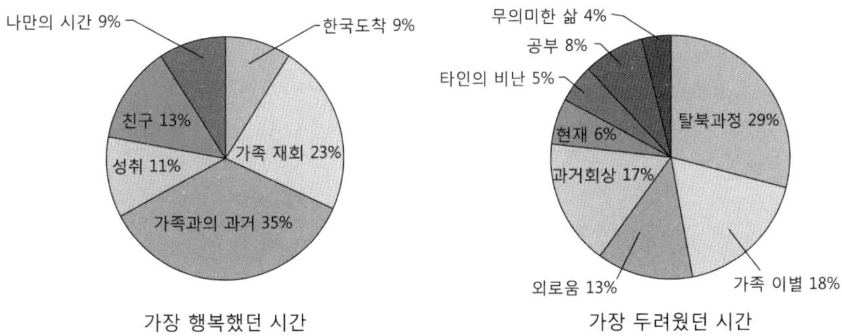

그림 6-3 탈북청소년의 자기개념: 가장 행복했던 시간, 가장 두려웠던 시간

'가장 두려웠던 시간은'이라는 주어에는 '압록강을 건너면서', '중국에 숨어 살 때' 등 탈북과정에 대한 언급이 29%로 가장 많았으며, 가족과의 이별을 얘기한 경우가 18%, '과거', '옛날을 기억할 때' 등 과거를 일반적으로 지칭한 경우도 17%로 나타났다. 이렇듯 탈북과정, 가족과의 이별, 과거 등 탈북청소년이기에 겪었던 시간이 64%로 나타나 현재에도 상처로 남아 있음을 알 수 있다. '아침이 오는 것', '매일매일' 등 현재를 두려운 시간으로 인식하는 경우가 6%, '다른 사람들이 나를 욕하는 것' 등 타인의 비난에 대한 두려움은 5%로 나타났는데, 이러한 응답 역시 탈북청소년의 현재 자신의 상황에 대한 불안한 심리를 대변하는 것으로 볼 수 있다. 8%의 청소년들은 '시험시간' 등 공부나 학교와 관련된 내용을 답하기도 하였다.

2) 탈북청소년의 가족에 대한 태도

어머니, 아버지 및 가족에 대한 태도를 알아보기 위한 가족 영역에서는 어머니에 대한 감정과 태도, 어머니와 나의 관계에 대한 인식, 아버지에 대한 감정과 태도, 아버지와 나의 관계에 대한 인식, 가족부양에 대한 생각, 우리 집안을 다른 가정과 비교했을 때의 생각을 물어 보았다.

먼저 어머니에 대한 감정과 태도를 묻는 '나의 어머니는'이라는 주어에 '좋

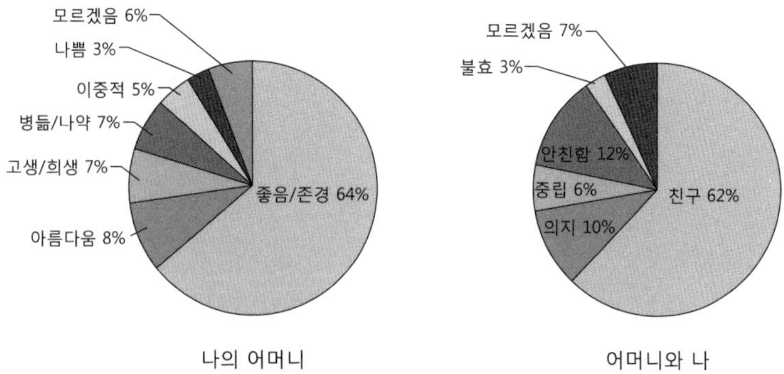

그림 6-4 탈북청소년의 어머니의 대한 태도

은 사람이다', '공경한다' 등 좋음과 존경의 긍정적 평가로 답한 경우가 64%로 가장 많았으며, 아름답다고 응답한 경우는 8%였다. '생존투쟁을 하느라 지쳤다', '고생을 너무 많이 하셨다' 등 어머니가 고생하고 희생했던 경험을 회상한 경우가 7%, '병이 들었다', '내가 책임져야 한다' 등의 병듦과 나약함에 대한 인상을 표현한 경우가 7%로 어머니의 힘든 처지에 대한 내용이 14%를 차지했다. 어머니를 '좋기도 하고 나쁘기도 하다' 등 이중적이라고 답한 경우가 5%, 나쁘다고 답한 경우가 3%, '모를 사람', '알 수 없다' 등 물리적·정신적 부재를 표현한 경우가 6%로, 어머니에 대한 부정적 인상이 14%로 나타났다.

'어머니와 나는'이라는 주어에는 '다정하다', '사이가 좋다' 식의 친함을 표현한 경우가 62%, '지지가 된다', '서로에게 기둥이다', '하나이다' 등 의지적 관계를 나타낸 경우가 10%로 긍정적 답변이 72%였다. 반면, '짜증난다', '싸운다', '말이 안 통한다' 등 거리감을 나타낸 경우가 12%, '미안하다', '내가 잘못했다' 등의 죄의식·불효의 감정을 나타낸 경우가 3%였으며, '모자관계이다', '가족이다' 등의 중립적 기술을 하는 경우가 6%였다.

아버지에 대한 감정과 태도를 묻는 '나의 아버지는'이라는 주어에는 '사랑한다', '존경한다' 등의 애정·존경의 표현이 60%였으며, '책임감 있는 사람이다', '우리 집의 가장이다' 등 가장으로서 충실한 역할을 하고 있다고 얘기한 경우가 7%였다. 아버지가 '엄격하다' '무섭다' 등의 어려운 대상으로 표현

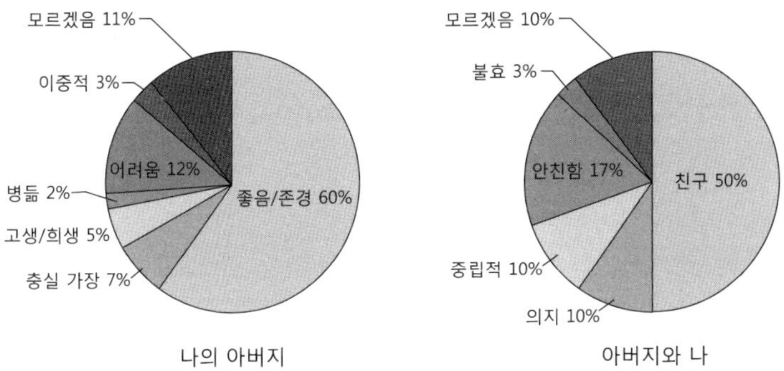

그림 6-5 탈북청소년의 아버지에 대한 태도

한 경우는 12%였으며, 병들고 고생한 사람으로 기술한 경우는 7%였다. 아버지가 좋기도 나쁘기도 하다는 이중적 인식을 하는 경우가 3%, '모르겠다' 식의 아버지란 존재의 정신적 혹은 물리적 부재를 표출한 경우는 11%였다.

'아버지와 나는' 이라는 주어에는 친함을 표현한 경우가 50%, 의지적 관계를 나타낸 경우가 10%로 긍정적 답변이 60%를 차지했다. 반면, 거리감을 나타내는 표현이 17%, 죄의식·불효의 감정을 나타낸 경우가 3%였다. '부자관계이다', '남자이다' 식의 중립적 사실 기술이 10%, 관계의 성격을 '모르겠다'로 표현한 경우가 10%였다.

가족을 책임지는 것에 대한 생각을 물어보는 '가속을 부양하는 것은'이라는 주어에 좋고 나쁨의 차원에서 '즐겁다', '보람차다' 등의 좋은 일, 옳은 일이라고 인식하는 경우가 30%, '하기 싫다', '힘들기만 하다' 등으로 부정하는 경우가 20%였다. 가족부양을 책임의 차원에서 응답하여 '아버지가 해야 하는 일이다' 등의 가장의 의무로 인식한 경우가 28%, '내가 해야 하는 일', '자식들이 해야 하는 일' 등의 자식의 의무로 인식한 경우가 15%, '가족 모두가 함께' 등 공동책임을 강조한 경우가 5%로 나타났다.

'다른 가정과 비교해서 우리 집안은'이라는 주어에는 '화목하다', '사랑한다', '남들이 부러워한다' 등 우리 집을 행복한 가정이라고 생각하는 내용이 54%, '괜찮다', '그래도 만족한다', '중간이다' 등 평범하다고 생각하는 내용

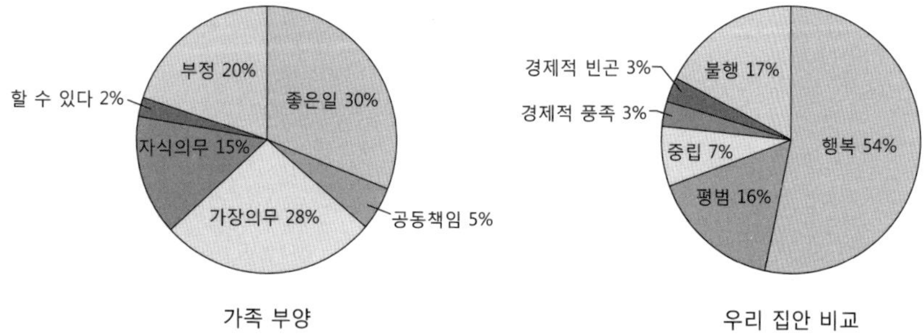

그림 6-6 탈북청소년의 가족에 대한 태도

이 16%, 가족 구성원을 나열한다든지 '좀 다르다' 등 중립적 내용이 7%였다. 반면, '곡절이 많다', '엄마가 없다' 등 불행하다는 내용이 17%, '가난했다' 등 경제적으로 빈곤했다는 내용이 3%를 자치했다. 3%의 청소년은 다른 가정과 비교해서 우리 집이 '더 잘 살았다'고 대답하기도 하였다.

3) 탈북청소년의 대인관계

친구와 지인, 권위자에 대한 태도를 포함하고 있는 대인관계 영역에서는 다른 사람과 함께 있는 것에 대한 태도, 다른 사람 중에서도 이성친구와 있을 때의 태도, 일반적인 윗사람에 대한 태도, 권위자 중 교사와 국가원수에 대한 태도를 알아보았다.

먼저, 다른 사람과 함께 있는 것에 대해 '행복하다', '즐겁다' 등 좋다고 표현한 경우가 72%, '나를 아는 데 도움이 된다', '진로에 도움이 된다' 등 유익하다고 표현한 경우가 7%, '좋을 때도 있고 싫을 때도 있다'는 양가적 태도를 나타낸 경우가 6%였다. 3%의 청소년은 그냥 그렇다고 하였으며, 5%의 청소년은 '불편하다' 등 싫다고 표현하였다. 기타로는 '말수가 적어진다' '소극적이 된다' 등이 있었다.

'이성의 친구와 같이 있을 때는' 이라는 주어에 '뭐든지 해주고 싶다', '행

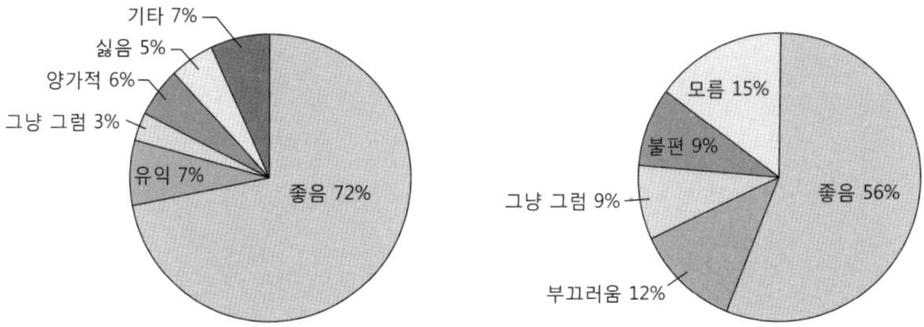

다른 사람과 함께 있는 것　　　　이성 친구와 있을 때

그림 6-7 탈북청소년의 대인관계 지각: 일반타인, 이성

복하다' 등 좋다고 표현한 경우가 56%, '두근두근하다', '얼굴이 빨개진다' 등 부끄러움을 표현한 경우가 12%, 그냥 그렇다고 답한 경우가 8%였다. 반면 '심심하다', '말을 하기 힘들다' 등 불편함을 표현한 경우는 9%, '알 수 없다' 등 경험의 부재나 적절히 표현하기 힘들어한 경우는 15%였다.

권위자에 대한 표현을 알아보기 위한 내용 중 '윗사람이 오는 것을 보면 나는'이라는 주어에 '인사를 한다', '일어선다' 등 예의를 갖춘다고 기술한 경우가 66%, '반갑다', '존경심이 생긴다' 등 긍정의 정서를 표현한 경우가 17%로 83%의 청소년들이 윗사람에 대해 긍정적 인상과 태도를 보였다. 그냥 그렇다(4%), 상대에 따라 다르다(3%), 모르겠다(3%)라고 답한 청소년도 있었으며, '불안하다', '피한다' 등 부정적 반응을 보인 경우는 7%였다.

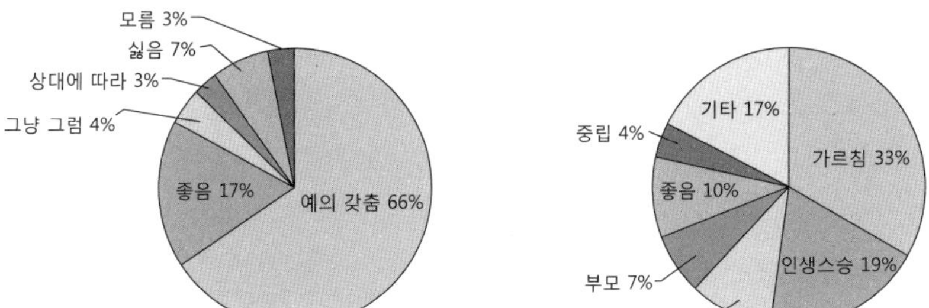

윗사람이 오면　　　　선생님이란

그림 6-8 탈북청소년의 대인관계 지각: 일반 윗사람, 교사

'선생님이란'이라는 주어에는 '바른 것을 알려 주시는 분', '공부를 지도해 주시는 분' 등 가르침과 관련된 내용을 연결한 경우가 33%, '본보기이다', '등대이다' 등 자신의 인생을 이끌어주는 스승이라는 태도를 가진 경우가 19%, '높은 분', '존경해야 한다', '무엇이든 가능하게 할 수 있다' 등 숭고한 위치에 있다고 인식하는 경우가 10%, '어머니다'와 같이 부모로 인정한 경우가 7%, 좋다고 표현한 경우가 10%로 80%에 이르는 청소년들이 교사를 매우 긍정적으로 지각하고 있으며, 많이 의지하고 있음을 알 수 있다. 기타 내용으로는 '엄하다', '직업이다', '나의 장래 희망이다' 등이 있었다.

권위자 중 국가원수에 대한 인식을 알아보는 문항은 탈북청소년의 특수성을 감안해 남한에서의 지도자인 '대통령이란' 문항과 북한체제의 지도자인 '김정일 위원장이란' 문항으로 나누어 살펴보았다. 먼저 '대통령이란' 주어에는 '국민과 나라를 이끌고 움직인다' 등의 지도자로 인식하는 내용이 49%를 차지했으며, '아버지' 혹은 '나라의 주인'으로 표현한 경우가 9%였다. '국민을 사랑하는 사람', '서민을 사랑하는 사람'이라는 응답은 11%, '능력이 뛰어나다', '훌륭한 사람이다'라는 응답이 9%를 차지했다. '이명박이다', '남한의 지도자다' 등 단순한 사실 기술을 중립적 표현은 16%, 어려운 자리라는 표현이 3%였으며, 부정적 내용으로는 '두렵다', '이기적이다', '싫다' 등이 있었다.

'김정일 위원장이란' 물음에는 22%가 '북한 대통령', '북한 인민의 대표'

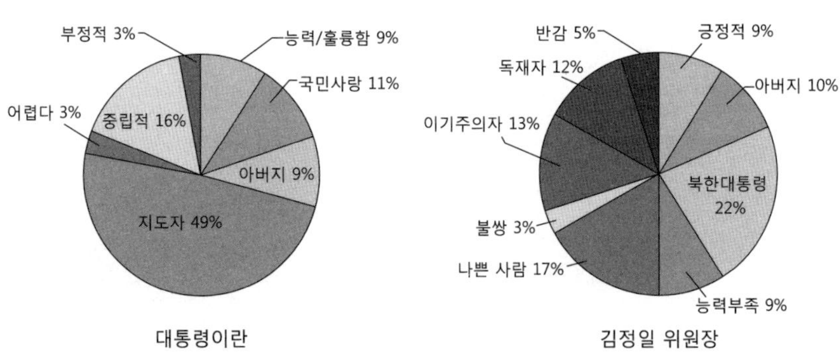

그림 6-9 탈북청소년의 대인관계 지각: 국가원수

로 기술했으며, 10%는 '아버지'로 표현했다. 9%를 차지한 긍정적 응답내용으로는 '똑똑하다', '미국에 대항할 유일한 사람이다', '북한에서 좋은 사람이다', '잘 생겼다' 등이 있었으며, 9%는 '정치를 잘 못한다', '표현을 잘 못한다' 등 능력이 부족함을 지적했다. 불쌍하다고 표현한 경우는 3%였는데, 구체적으로 '예수님 구원이 필요하다', '안 됐다' 등으로 기술했다. 김정일 위원장에 대한 부정적 인식으로는 나쁜 사람(17%), 이기주의자(13%), 독재자(12%)로 단순하게 표현하는 경우가 많았으며, 5%에서는 욕을 하는 식으로 강한 반감을 표현했다. 이러한 결과를 볼 때, 북한 체제를 벗어난 탈북청소년들 중 반수 이상이 김정일 위원장에 대해 부정적 인식보다 중립적·인간적 연민뿐 아니라 나름의 역할을 인정하고 있음을 알 수 있다.

4) 탈북청소년의 동성 또는 이성에 대한 태도

사회적 개인으로서 남성, 여성, 결혼관 등에 대해 알아보는 사회적 영역에서는 또래 이성에 대한 태도를 알아보기 위해 '남자애들은', '여자애들은' 이라는 문항과 성차별적 의식이 있는지를 알아보기 위해 '완전한 남성관은'이라는 문항을 사용하였다. 먼저, 긍정적인 응답으로는 '남자애들은'이란 주어에, 좋다(18%), '앞으로 큰 일을 할 것이다', '머리가 좋다' 등 뛰어나다(5%), '세다', '운동을 잘 할 수 있다' 등 신체적으로 강하다(14%) 등이 있었다. 반면, '모르겠다', '이해를 할 수 없다' 등의 명확한 대답회피가 24%, '장난을 많이 친다', '애다' 등 유치하다는 내용이 16%, '조심해야 한다'를 비롯 욕설이나 동물에 비유하는 극단적인 부정적 감정 표현이 23%로 나타났다.

'여자애들은'이란 주어에는 '얌전하다', '온순하다', '순진하다' 등 전형적 여성성을 긍정적으로 표현한 경우가 18%, 단순히 '좋다'고 표현한 경우가 10%, 외모의 아름다움을 언급한 경우가 4%, '자신을 잘 챙긴다', '책임감이 강하다' 등 사회에서 경쟁력이 있는 여성의 특성에 대한 언급이 7%로 나타났다. 반면, '너무 시끄럽다' 등 수다스러움에 대한 표현이 8%, '나약하다', '사

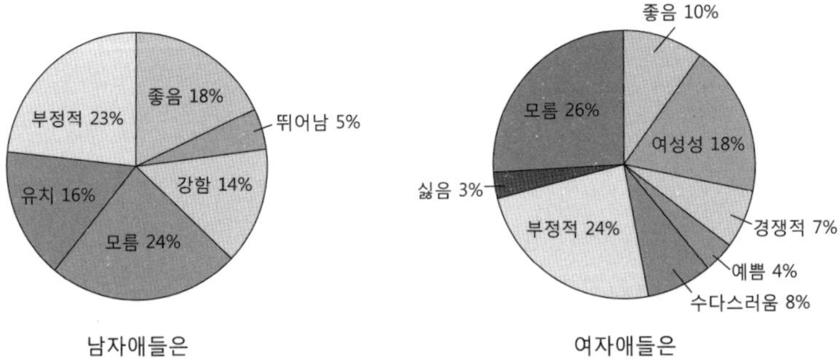

그림 6-10 탈북청소년의 이성에 대한 태도

랑을 갈구한다', '여우다' 등 전형적 여성성을 부정적으로 표현한 경우가 24%, '짜증난다' 등 싫다고 표현한 경우가 3%, '모르겠다' 등 명확한 답변 회피가 26%로 나타났다.

3. 탈북청소년의 심리적 특성과 탈북 경험 및 사회적 관계

탈북청소년의 심리적 특성과 문장완성검사를 통해 알아본 공·사적 관계에 대한 개념 간의 관계를 알아보기 위해 문장완성검사 결과를 내용에 따라 긍정·중립·부정으로 나누어 카이자승 검증을 실시하였다.

우선 분노수준과 자신의 미래에 대한 이미지 간의 관련성을 살펴보았는데, 〈표 6-11〉에서 볼 수 있는 바와 같이 분노조절과 자기개념 영역 중 자신의 미래에 대한 이미지인 '언젠가 나는' 문항과는 유의미한 관련성이 존재하는 것으로 나타났다(x^2=12.38, df=3, p=0.006).

분노 조절에서 높은 점수를 보이는 탈북청소년들은 평균 점수를 보인 탈북청소년들에 비해 미래의 자신의 모습에 대해 중립적인 입장을 취하는 경우가 많았다. 긍정적 입장이 자신의 성취나 성공한 모습을 기대하는 데 비해, 중립적 입장은 삶을 수동적으로 바라보는 태도(예: 언젠가 나는 여전히 살고 있을 것이

표 6-11 탈북청소년의 분노조절과 자신의 미래상과의 관련성

분노조절	'언젠가 나는' 문항에 대한 빈도(%)			자유도	X^2
	중립	긍정	전체		
높은 상승	6(75.0)	2(25.0)	8(100)	3	12.38**
평균	17(21.5)	62(58.8)	79(100)		

* p<.01; ** p<.05; *** p<.001

표 6-12 탈북청소년의 사회적 불편감과 아버지에 대한 인식과의 관련성

사회적 불편감	'나의 아버지는' 문항에 대한 빈도(%)				자유도	X^2
	부정		긍정	전체		
높은 상승	4(80.0)		1(20.0)	5(100)	3	7.83*
평균	19(22.9)		56(52.1)	75(100)		
사회적 불편감	'아버지와 나는' 문항에 대한 빈도(%)				자유도	X^2
	부정	중립	긍정	전체		
높은 상승	3(60.0)	1(20.0)	1(20.0)	5(100)	6	13.68*
평균	17(23.0)	8(10.8)	49(66.2)	74(100)		

* p<.01; ** p<.05; *** p<.001

다)를 취하는 경우이다. 분노조절에서 높은 상승을 보인 집단이 화를 잘 내고 충동적이며, 다른 사람이 자신을 앞서 가는 것을 싫어하는 특성을 지니는데, 이들이 자신에 대한 정체감을 형성하는 것과 관계가 있음을 의미한다.

한편 사회적 불편감 수준과 문장완성 검사에서 아버지에 대한 인식의 형태의 관련성을 살펴보았는데, 〈표 6-12〉에서와 같이 사회적 불편감과 가족 영역 중 아버지에 대한 인식인 '나의 아버지는' 문항(x^2=7.83, df=3, p=0.05)과 아버지와 나의 관계에 대한 인식인 '아버지와 나는' 문항(x^2=13.68, df=6, p=0.033)에서 유의미한 관련성이 존재하는 것으로 나타났다.

사회적 불편감에서 높은 점수를 보이는 탈북청소년들은 평균 범주에 있는 탈북청소년들에 비해 자신의 아버지에 대한 인식이나 아버지와 자신의 관계에 대해서 부정적인 입장에 있는 경우가 많았다. '나의 아버지는' 문항에서는 아버지를 나약하고, 무책임한 사람으로 표현하거나 성격적인 결함을 나타내

표 6-13 탈북청소년의 미성숙성과 자신에 대한 인식과의 관련성

미성숙성	'나는' 문항에 대한 빈도(%)				자유도	X^2
	부정	중립	긍정	전체		
높은 상승	0(0.0)	3(60.0)	2(40.0)	5(100)	6	12.70*
평균	5(6.3)	8(10.0)	67(83.8)	80(100)		

* p<.01; ** p<.05; *** p<.001

표 6-14 탈북청소년의 미성숙성과 타인과 함께 있는 것과의 관련성

미성숙성	'다른 사람들과 함께 있는 것은' 문항에 대한 빈도(%)				자유도	X^2
	부정	중립	긍정	전체		
높은 상승	1(20.0)	1(20.0)	3(60.0)	5(100)	6	14.33*
평균	6(7.7)	6(7.7)	66(84.6)	78(100)		

* p<.01; ** p<.05; *** p<.001

기도 하였고, '아버지와 나는' 문항에서는 '불편하다', '친하지 않다'는 식으로 거리감을 드러냈다. 이러한 결과는 모자관계보다 부자관계가 다른 사람과의 관계형성에 직접적인 영향을 끼치는 것으로 해석할 수 있다.

미성숙성과 자기개념 영역 중 자신의 현재에 대한 인식인 '나는' 문항 간의 관계도 살펴보았는데, 〈표 6-13〉에서 보는바와 같이 이 둘 사이에는 유의미한 관련성이 존재하는 것으로 나타났다(x^2=12.70, df=6, p=0.048).

미성숙성에서 높은 점수를 얻은 탈북청소년들은 평균적인 점수를 얻은 탈북청소년들에 비해 자신에 대해 긍정적(자신의 성취에 대한 기대, 자신의 긍정적인 성격이나 특성 표현)이기보다는 중립적인 인식(나다, 치료되는 중이다)을 많이 하는 것으로 나타났다. 이는 미성숙성의 내용영역에서 포함하고 있는 '자신감의 결여' 부분이 영향을 끼친 것으로 보인다.

미성숙성과 대인관계 영역 중 '다른 사람들과 함께 있는 것은' 문항과의 관련성도 살펴보았는데, 〈표 6-14〉에서 볼 수 있는 바와 같이 이 둘 사이에는 유의미한 관련성이 존재하는 것으로 나타났다(x^2=14.33, df=6, p=0.026).

미성숙성에서 높은 점수를 보인 청소년들은 평균 범주에 있는 청소년들에 비해 다른 사람들과 함께 있는 것에 대해 부정이나 중립적인 입장에 있는 경

우가 많았는데, 이는 미성숙성의 내용척도에 대인관계에서의 불편감, 의심 및 소외와 관련된 문항이 포함되어 있기 때문으로 이해할 수 있다.

제7장

요약 및 결론

이 연구는 남한사회의 주요 과제인 남북한 주민의 심리사회적 통합을 촉진하는 방안을 모색하는 목적 하에, 멀지 않은 미래에 도래할 수 있는 남북한 통일에 대비하여 통합의 저해요인을 미리 검토하고 분석하여 그에 대한 대비책을 마련하기 위한 것이다.

분단 이후 반세기 이상의 세월이 흐르면서 남한과 북한은 정치적으로는 물론 사회문화적으로 극심하게 이질적으로 변화했다. 그러나 분단 이후 정치적인 이유로 그 어떤 교류도 결코 불가능해 보였던 남한과 북한도 통제된 형태의 인적·물적 자원의 교류가 오래전부터 시작되었다. 게다가 지난 십수 년간 이루어진 탈북인의 남한 유입 규모가 급격하게 커졌고, 그 유입을 제한하기도 어려운 실정이다. 이러한 상황에서 그동안 대한민국정부는 탈북인들의 심리사회적 통합을 위해 그동안 다양한 방법으로 노력해 왔다.

그러나 이제는 단순히 탈북인들의 문제를 넘어 통일 이후를 대비해야 하는 시점이 되기도 했다. 그동안 신문이나 여러 보고서를 통해 북한의 급격한 붕괴의 가능성이 언급되어 왔고, 실제 붕괴될 경우 발생할 수 있는 상황에 대한 여러 가지 시나리오들이 제시되었다. 2008년 8월 북한의 김정일 위원장은 뇌졸중으로 5개월 가까이 공개석상에 나타나지 않다가 2009년 초 다시 모습을 드러냈던 일도 있었다. 급기야 미국 국무부 동아태차관보는 2010년 3월 3일

비공개 간담회에서 "모든 의학적 정보를 종합할 때(북한 김정일 위원장의 남은 수명은) 3년 정도로 생각한다"고 언급하기도 했다(조선일보 2010년 3월 17일). 김정일 위원장의 사망시기가 언제가 되든 중요한 것은 우리가 북한의 급변 상황에 대처할 준비를 해두는 것이다. 이 연구는 정치적 통일이 이루어질 경우, 예상되는 남북한 주민 사이에서 발생할 수 있는 갈등의 요소를 파악하고, 그들 사이에 심리사회적 통합을 촉진하는 방안을 모색하는 목적으로 이루어졌다.

이 연구는 다음과 같은 몇 가지 가정에 터하여 이루어졌다.

첫째, 두 개체나 집단의 심리사회적 통합의 시작은 상대방에 대한 '이해'와 '신뢰'에서부터 시작된다. 서로 상호작용을 해본 경험이 있는 탈북인들과 남한주민들은 서로에 대해 '이중성'을 말한다. 서로가 서로를 이중적으로 경험한다는 것은 곧 상대방을 이해하거나 신뢰할 수 없다는 의미이며, 이러한 관계에서 심리·사회적 통합은 이루어지기 어렵다. 따라서 서로에 대해서 불필요하게 '이중적'이라고 경험하는 이유나 배경을 탐색하여 상대방에게 불신을 쌓지 않는 방법을 모색하는 것이 필요하다.

둘째, 탈북인과 남한주민이 서로를 '이중적'으로 경험하여 심리사회적 통합을 이루기 어려운 이유는 실제로 상대편이 상황에 따라 이중적인 태도를 보이기 때문일 수도 있지만, 탈북인과 남한주민이 아동기 때부터 사회화된 사회문화적 배경의 차이 때문일 수도 있다.

셋째, 사회문화적 배경이란 특정한 사회나 문화권에서 구성원이 공유하는 행위 양식을 의미한다. 각 사회에는 정치경제적 구조, 전통적 문화와 관습이 복합적으로 발전시켜 온 행위 양식이 있다. 이러한 행위 양식은 특정한 관계나 상황에서 기대 되는 의사소통 양식으로, 행위에 의미를 부여할 뿐 아니라, 행위가 허용되는 관계의 범위를 규정함으로써 내외집단의 관계성을 반영한다. 예컨대 다른 사람과 이야기할 때 눈을 직접 맞추지 않는 행위는 어떤 문화에서는 공손함이나 예의의 표현이지만, 또 다른 문화에서는 자신이 없거나 뭔가 숨기는 것이 있다는 의미로 전달될 수 있다. 한편 어떤 사회에서 가벼운 포옹은 상대가 반드시 아주 가까운 사람이 아니어도 가능하지만, 또 다른 사회에서 포옹은 그 두 사람의 친밀한 관계성을 전제한다. 따라서 특정한 행위나 의사소통 양식에 대해 각 사회가 부여하는 의미가 다르거나 특정한 행위를 허용하는 관계의 범위가 다르면 서로 다른 사회문화적 배경을 가진 사람들이 만날 때 갈등이나 오해 또는 불신이 발생할 수 있다.

이 연구는 이러한 가정 위에서 북한과 남한의 행위 양식을 서로 이해하는 것이 탈북인의 적응, 나아가 통일 후 북한과 남한사회의 심리사회적 통합을 촉진하는 길이 될 수 있을 것이라는 가정 위에서 수행되었다. 특히 남북한 주민들이 각각 속해 있는 사회의 공적관계에서 허용되는 행위 양식과 사적관계에서 허용되는 행위 양식 간에 어떤 차이가 있는지, 각각의 사회에서 기대되는 의사소통 양식, 감정의 표현 방식이나 표현 대상, 내집단과 외집단의 경계 구분 등에 어떤 차이가 있는지를 이해하기 위해 이루어졌다. 이러한 차이는 개인이 태어나 사회화된 사회적 특성을 반영할 뿐 아니라 한 개인이 체험한 생애의 경험들을 반영할 것이다. 탈북인들은 북한사회, 중국, 남한사회를 순차적으로 거쳐 오면서, 아동기 때부터 사회화를 통해 체득한 행위 방식이 이루어지는 맥락의 다양성을 경험하였다. 탈북인의 행위 양식은 북한사회에서 초기 사회화된 이후, 탈북 과정을 통한 극단적 경험, 새로운 정치경제 체제에서의 노출이라는 외부로부터의 자극을 수용하면서 변화했을 가능성이 있다. 탈북인들의 행위 양식을 탈북 전과 후의 비교를 통해 파악해 보면, 북한사회에서의 사회화 방식과 개인적 경험을 통한 변화 두 가지를 모두 알아볼 수 있다. 이러한 의미에서 본 연구는 다음과 같은 구체적인 연구 문제를 설정하였다.

- 탈북성인과 남한성인의 공·사적 관계는 어떻게 구성되는가?
- 탈북성인의 공·사적 관계에서 수용되는 주요 행위 양식(예: 감정표현방식, 의사소통양식 등)은 무엇이며 남한성인의 그것과 어떻게 다른가?
- 탈북성인의 공·사적 관계에서 수용되는 주요 행위 양식(예: 감정표현방식,

의사소통양식 등)은 그들의 심리사회적 요인들과 어떤 관계가 있는가?

- 공적 관계(학교, 직장)에서 이루어지는 의사소통 양식에 대한 탈북성인의 지각은 어떠하며, 남한성인의 지각과 어떻게 다른가?
- 탈북성인의 공·사적 관계에서 수용되는 주요 행위 양식(예: 감정표현방식, 의사소통양식 등)은 생활이 이루어지는 상황, 개인의 발달단계, 그리고 학습에 의해 변화하는가?

1) 탈북성인과 남한성인의 공·사적 관계의 구성

남한사회에서 사적인 행위라고 명명할 수 있는 구체적인 행위, 즉 급할 때 돈을 빌려주거나, 갑자기 아이를 돌봐달라고 하거나, 예고 없이 우리 집을 방문하거나 하는 행위, 가족 문제를 의논하거나, 중요한 비밀을 이야기하거나, 허락 없이 나에게 온 편지를 뜯어보는 등의 행위를 통해서 살펴보았을 때, 탈북성인들은 남한성인에 비해 이러한 행위들이 허용되는 관계의 범위가 대체로 좁았다. 부모, 형제, 배우자, 친구, 상사 등 특정한 관계를 대상으로 했을 때 사적인 행위가 허용되는 수준의 측면(표 2-2 참조)에서도 그렇고, 사적 행위가 허용되는 관계의 빈도 측면(표 2-3 참조)에서도 그러하다. 다시 말하면 탈북성인들에 비해 남한성인들이 여러 관계의 대상들에 대해 사적이라고 판단되는 행위를 허용하는 범위가 넓다. 이러한 경향은 거미줄 형상의 그림에서 7개의 사적 행위가 허용되는 면적이 남한성인에 비해 탈북성인이 좁은 것을 통해 확인할 수 있다. 7개 행위 중 예외적으로 '상대편이 허락 없이 내 편지를 뜯어보는 행위'에 대해서만 남한성인들의 수용성이 더 낮았다.

이러한 결과는 개인적이거나 사적인 행위들을 허용하는 정도가 북한에서 상대적으로 더 낮다는 것을 보여준다. 탈북성인들의 상호작용이 폐쇄적이며 관계의 친소(親疎)에 더 민감하다는 것을 보여주는 이러한 결과는 다른 한편 북한사회의 전반적인 사회자본 수준이 취약하다는 것을 암시한다. 사회자본은 한 사회의 신뢰수준을 의미한다. 신뢰란 "어떤 공동체 내에서 그 공동체의 다른 구성원들이 보편적인 규범에 기초하여 규칙적이고 정직하며 협동적인 행동을 할 것이라는 기대"이다(Fukuyama, 1995). 북한사회의 사회자본에 대한 본 연구자들의 전작에서, 생존을 위한 불법 행위가 북한사회에 만연해지면서 공적인 관계는 물론 사적인 관계에서도 불신의 문화가 깊이 침투하고 있음을 보여준 바 있다(진미정 · 이순형 · 김창대, 2009). 가까운 가족관계나 친족관계에서 배신이나 사기를 경험하는 경우도 왕왕 발생하고, 자신이 비용을 초래하게 될 수도 있는 관계를 회피하는 현상이 발견되기도 한다. 구성원들 사이의 기본적인 신뢰 관계가 형성되어 있지 않은 사회에서는 사적인 행위를 공유하는 범위를 축소시켜서 유지하는 것이 거래 비용을 낮추는 하나의 방안이 된다. 안면이 없는 사람들에 대해서는 신뢰가 없기 때문에 사적인 상호작용을 하는 것이 위험할 수 있다. 탈북성인들이 사적인 관계망을 축소시키면서 내집단을 제한적으로 유지하는 것은 그 사회의 사회자본이 취약하다는 것을 보여주는 하나의 방증이다.

탈북성인과 남한성인의 공 · 사적 관계에서 발견할 수 있는 또 한 가지 차이점은 가족과 친구에 대한 것이다. 남한성인들은 가족 못지않게, 아니 그 이상으로 친구를 중요한 상호작용의 대상으로 생각한다. 특히 가족문제를 의논하거나 비밀을 나누는 일에 대해서 친구는 부모보다 더 중요한 대상이다. 정서적인 관계에 있어서 친구는 중요한 내집단의 구성원이다. 반면 탈북성인에게는 가족과 친구 사이의 경계가 비교적 명확하며, 도구적 지원관계나 정서적 지원관계에서 가장 중요한 상호작용 대상은 부모이지 친구가 아니다. 남한성인의 약 66%가 나의 가족문제를 친구에게 의논할 수 있다고 했지만, 탈북성인은 이 비율이 13%밖에 되지 않는다.

탈북성인들이 보고한 이러한 가족 중심 애착과 수용 코드는 남한성인들에게는 별로 두드러지게 나타나지 않는다. 탈북성인들이 생활의 불안과 존재의 위험을 느끼는 상황에서 마지막 신뢰를 보낼 대상은 혈육이라는 점을 체득하였다는 것을 드러내는 것이다. 개방되고 안정된 사회에서 혈육은 별다른 행위 중심이 되지 못한 채 숨어 있지만 일단 생명과 존재의 불안 속에서 혈육은 신뢰할 만한 연대망으로 작동하는 현상을 드러낸 것이라 하겠다. 혈육에 대한 신뢰코드는 비밀통제정치에서 비롯된 것일 수 있다. 이러한 결과는 북한 가족의 특징이 혈연 중심이라는 점을 보여준 선행연구들을 지지하는 것이다. 선행연구들은 북한사회의 유지가 혈연 중심의 가족을 통해 가능하며(박현선, 2003), 탈북인들이 전통적 가족관계망을 중심으로 탈북과 이후 정착이라는 과업이라는 이루어낸다고 보고하고 있다(진미정 외, 2009).

한편, 감정 표현을 통해 유추해 볼 수 있는 공·사적 관계의 구성은 행위를 통해서 구분해 본 공·사적 관계의 내용과 다르다. 구체적 행위에 있어서는 관계의 친소에 따른 차이가 크지 않았던 남한성인들에게 감정의 표현은 관계의 친소에 더욱 민감하다. 어떤 감정의 표현이든 남한성인들은 감정 표현이 수용될 수 있는 관계와 없는 관계의 경계가 명확하게 나타났다. 그에 비해 탈북성인들은 그 관계의 경계가 상대적으로 덜 명확했다. 이러한 경향성은 싫어한다, 실망했다, 정떨어졌다 등의 부정적인 정서표현을 할 때 더욱 두드러지게 나타났는데, 전반적으로 탈북성인들은 남한성인들에 비해 부정적 정서표현을 통해서는 공·사적 관계가 명확히 구분되지 않는 경향이 있다. 즉 남한성인들은 관계가 멀어질수록, 즉 이웃이나 직장상사와의 관계처럼 공적인 관계에 가까워질수록 화가 났다거나 실망했다, 정떨어졌다 등의 부정적인 정서표현을 하지 않는다. 이에 비해 탈북성인들은 공·사적 관계의 변화에 따라 부정적인 정서표현이 크게 달라지지 않았다.

이런 결과에 비추어 볼 때, 남한사회에서 감정 표현은 도구적, 정서적 행위에 비해 훨씬 더 개인적이고 사적인 영역에 속하는 행위 양식이다. 남한에서는 직장 동료나 상사에게 가족 문제에 대해 의논을 할 수 있어도 자기의 감정상태에 대해 솔직하게 이야기하지는 않는다. 해묵은 학술적 논쟁에서 알 수 있듯이, 감정은 생리적 요소를 가지고 있는 동시에 사회적이며 문화적이다(Scherer & Wallbott, 1994). 감정의 발생은 생리적 토대를 가지고 있지만, 동시에 맥락에 대한 인지적 평가를 반영한다. 감정 표현이 허용되는 방식과 대상, 그리고 의미가 해석되는 방식 역시 문화적으로 규정된다.

탈북청소년의 감정성에 대한 정향진(2005)의 연구에서도 본 연구결과와 비슷한 현상을 발견한 바 있다. 이 연구에 따르면, 탈북청소년들은 남한 사람들에 비해 감정 표현이 직설적이고 강도가 높다. 때문에 탈북청소년들과 남한 성인들 간에는 종종 의사소통 상의 오해나 어려움이 발생한다. 이 연구는 탈북청소년의 이러한 경향성의 뿌리를 생활총화를 통해 사회화된 자아 및 타인에 대한 일상적 비판, 부정적 감정의 교환을 강화하는 조직문화, 동질적 계층 집단 내에서만 이루어지는 교류라는 북한사회의 특성에서 찾을 수 있다고 하였다.

관계에서 허용되는 행위와 감정 표현으로 파악한 남한사회와 북한사회의 공·사적 세계는 서로 차이가 있으며, 중층적으로 구성되어 있는 것으로 파악된다. 일상생활의 행위를 통해 나타나는 경계는 남한성인들이 더 느슨하지만, 부정적인 정서표현으로 본 관계의 경계는 남한성인들이 더 명확하다. 일상생활의 장에서 북한주민들에게 수용되지 않을 만한 행위가 남한성인들에게는 수용되며, 북한에서는 수용되는 감정 표현이 남한에서는 수용되기 어려울 수 있다. 이러한 결과들은 일상적 행위 양식과 감정 표현에 있어서 어떤 것을 더 사적이며 개인적으로 간주하느냐에 대한 규범과 해석이 다르다는 것을 의미한다. 이러한 차이가 서로의 문화로 고착되어 있다고 가정할 때 두 사회 간의 이해를 가로막는 장애 중 하나가 될 수 있을 것이다.

2) 탈북성인과 남한성인의 공·사적 관계의 행위 양식 비교

사적 행위의 측면에서 볼 때 앞서도 언급했듯이 탈북성인들은 남한성인에 비해 도구적 상호작용(예: 상대방에게 돈을 빌려줄 수 있음, 나에게 자녀돌보기를 부탁해도 괜찮음, 연락 없이 우리 집을 방문해도 됨)이나 정서적 상호작용(예: 내가 상대에게 가족문제를 의논할 수 있음, 내 편지를 뜯어보아도 됨, 중요한 비밀을 말할 수 있음)의 범위를 상대적으로 좁게 설정하는 것으로 보인다. 남한성인과 비교해서 탈북성인의 가장 큰 특징은 부모를 가장 친밀하다고 생각하고 신뢰하며 그 결과 다양한 사적 행위가 허용되는 대상으로 간주한다는 점이다. 이러한 현상은 남한성인이나 탈북청소년에 비해서 두드러지는 현상으로 탈북성인들이 '부모'에게만 사적 행위(특히 정서적 상호작용)를 허용한다. 이에 비해 남한성인들은 도구적·정서적 상호작용의 범위가 상대적으로 넓은 편이며, 행위에 따라 그 행위가 수용될 수 있는 관계의 유형이나 범주가 다소 다르게 나타났다. 경제적인 교환의 경우에는 부모나 형제가 중요한 상호작용의 대상이지만 가족문제를 의논하거나 중요한 비밀을 말할 수 있는 정서적 상호작용의 경우에는 친구가 부모나 형제보다 더 중요한 상호작용의 대상인 것으로 나타났다.

탈북성인들과 남한성인들의 또 다른 차이점은 친구관계에 대한 것이다. 남한성인들은 친구를 가족 못지않게 중요한 상호작용의 대상으로 생각하고 있고, 특히 의논상대나 비밀을 나누는 일에 관해서는 부모보다 더 중요한 대상으로 생각한다. 이에 비해 탈북성인들은 가족과 친구 사이의 경계가 비교적 명확하였다. 도구적 지원관계나 정서적 지원 관계에서 가장 중요한 상호작용 대상은 가족이지 친구가 아니다. 남한성인의 약 66%가 나의 가족문제를 친구에게 의논할 수 있다고 하였는데, 탈북성인은 이 비율이 13%밖에 되지 않았다. 친구와의 언어적 의사소통 양식도 다른 것 같은데, 남한성인의 약 80%가 친구에게는 반말을 써도 된다고 생각한 반면 탈북성인은 그 비율이 60%에 불과하여 약 40%의 탈북성인은 친구에게 반말을 쓰면 안 된다고 생각하고 있었다.

예상과는 달리, ○○가 연락 없이 우리 집에 와도 괜찮다거나 급할 때 나에게 자녀를 맡겨도 된다고 생각하는 비율은 부모를 제외하고는 관계의 유형에 상관없이 남한성인들이 더 높게 나타났다. 남한성인들이 사생활의 가장 중요한 축인 사적 공간에 대한 침범을 더 꺼려할 것이라고 예상했지만, 오히려 공간에 대한 개방성은 더 높게 나타났다. 북한의 이웃관계가 개방적인 공동 아파트 구조와 생산과 거주의 일치라는 주거 정책에 토대하여 더 개방적이라는 선행연구(박현선, 2003)에 비추어 볼 때도 이는 다소 예상하지 못한 결과이다. 북한주민들 중에 가족구성원의 탈북과 관련하여 가정의 물리적 환경이나 조건을 외부에 노출하고 싶지 않은 사례가 증가하는 것은 아닌지 생각해 볼 수 있다. 따라서 이러한 결과는 북한주민 일반에 해당하는 결과이기보다는 탈북인들의 특수한 상황에서 비롯된 것일 수도 있다.

정서표현의 측면에서 보면 남한성인들에게 가장 자유롭고 솔직한 정서 표현이 가능한 관계는 부부관계이다. 일반적으로 배우자와의 관계는 다른 관계들과 비교해 볼 때 일상생활의 공유가 가장 많이 이루어지며, 이해관계가 일치하는 경우도 높다. 따라서 상호간의 친밀성과 신뢰를 발달시킬 수 있고, 다양한 각도에서 자기 노출이 가능한 관계이기도 하다. 배우자와의 관계에서도 마찬가지로 부정적 정서 표현보다는 긍정적 정서 표현이 더 많이 이루어지지만, 그래도 슬픔, 분노, 실망 등 다양한 정서의 표현이 가능하다. 이에 비해 탈북성인들은 부부관계에서의 정서 표현이 다른 관계에서의 정서 표현과 크게 다르지 않은 것으로 보인다. 남한성인에게는 친구도 중요한 정서 표현의 대상이다. 그러나 배우자에게 수용될 수 있다고 생각하는 만큼의 다양한 정서 표현이 추구되지는 않는다. 예를 들어, 친구에게 슬픔이나 우울을 표현할 수는 있지만 분노 표현은 상대적으로 절제된다. 이에 비해 탈북성인들은 친구관계에서 슬픔이나 우울, 분노가 서로 다른 수준으로 표현되지는 않는다. 이러한 결과에 비추어 볼 때 탈북성인과 남한성인들 사이에는 사회문화적 차이에 따른 행위양식나 정서표현의 유형 및 수준에 차이가 있다고 결론을 내릴 수 있으며, 이러한 차이는 탈북성인과 남한성인들 간의 이해를 가로막는 장애가 될 수도 있다.

탈북성인과 남한성인들 간에 이해가 어려운 구체적인 상황이나 이유를 생각해 보자. 첫째, 남한성인과 탈북성인들 사이에 도구적 지원과 정서적 지원의 범위의 차이가 있고 이러한 차이는 다음과 같은 구체적인 상황에서 탈북성인과 남한성인과 관계를 형성하려고 할 때 혼란을 야기할 수 있다. 즉 탈북성인과 남한성인이 아무리 가까운 친구사이라 하더라도 탈북인은 남한 친구에게 가족문제를 의논하거나 중요한 비밀을 말하지 않으려고 할 것이며, 남한 친구가 탈북인에게 돈을 꾸려고 하거나 자녀를 맡기려고 해도 탈북인은 다소 꺼려할 가능성이 높다. 이러한 경험을 할 때, 소위 친구관계에 있는 남한성인은 탈북인의 행위 양식을 이해하기 어려울 것이다.

반면 탈북인의 관점에서 보면 남한 친구는 자신에게 돈도 빌려줄 수 있을 것처럼 행동하고 탈북인의 자녀를 맡아 돌봐주려고 하며 아무 때나 집을 찾아와도 좋을 것처럼 대한다. 뿐만 아니라 남한 친구는 탈북인인 자신에게 가족 문제를 의논하거나 중요한 비밀을 말하는 것도 서슴지 않을 수 있다. 그러나 이러한 행위는 탈북인의 관점에서 보면 부모에게나 겨우 가능하거나 아주 둘도 없이 절친한 친구에게나 가능한 행위인데 그렇게 절친하지 않은 남한 친구가 자신에게 이렇게 다가올 때 당황스러울 수 있다. 또한 돈도 빌려주고 비밀도 이야기하는 남한 친구이기에 부모보다 가깝다고 생각했는데, 그 남한 친구가 빌려준 돈을 갚으라고 하거나 그 친구는 자신을 기대했던 것보다 가깝게 생각하지 않는다는 것을 알게 되었을 때, '부모보다도 더 가까운 줄 알았더니, 그렇지는 않다'는 것을 발견하고 이로 인해 탈북인들은 남한사람들이 이중적이라고 생각할 것이다. 북한에서는 이러한 행위들이 모순적이라고 느껴지기 때문이다.

둘째, 탈북인들에게 남한 사람들이 이중적으로 보이는 것은 남한 사람들이 긍정적인 정서의 표현은 높은 수위로 하면서 부정적인 정서의 표현은 억제하기 때문인 것으로 생각해 볼 수 있다. 부정적인 정서 표현을 하지 않는다는 것이 부정적인 감정을 느끼지 않는 것은 아니며 그것이 수용되는 관계에서만 표출된다는 것뿐이다. 감정을 자유롭고 직설적으로 표현하는 탈북인이나 북한 사람들이 보면, 남한 사람들은 의사소통을 솔직하게 하지 않는 사람들이다. 직접적으로 의미를 전달하는 대신 간접적으로 의미를 전달하고, 비판이나 분노를 표현하지 않으면서 부정적인 메시지를 함축한다. 간접적이고 함축적인 의사소통에 익숙하지 않는 탈북인이나 북한 사람들은 남한 사람들이 하는 말을 잘 이해하지 못하거나 본래의 의미와 다르게 해석할 수도 있다. 이러한 결과는 남한과 북한에서 감정 표현의 사회화가 서로 다른 방식으로 이루어지고 있음을 시사하며, 아동기부터 사회화된 감정 표현의 양식이 소통의 장애물로 작용할 수 있음을 보여준다.

셋째, 남한사람들과 탈북인들이 서로 이해하기 어려운 또 다른 이유는 일상 행위와 정서 표현 사이에 차이가 있기 때문일 수도 있다. 일상적 행위와 정서 표현 둘 다 한 사회의 공·사적 세계의 구성을 반영하는 지표라고 할 수 있다. 일상생활에서의 행위와 감정 표현 방식을 통해 공·사적 세계의 경계가 어디인가를 파악하거나, 무엇을 사적인 것으로 간주하는 지 그 의미를 해석할 수 있다. 그런데 탈북성인과 남한성인을 비교해 보면, 일상 행위와 정서 표현이 공·사적 세계를 반영하는 방식 자체에 차이가 있다는 것을 알게 된다. 다시 말해, 단순히 정도의 차이나 수준의 차이가 아니라, 사적인 것의 의미 자체가 다를 수 있다. 일상생활의 행위를 통해 나타나는 경계는 남한사회에서 더 느슨하다. 그러나 부정적인 정서표현으로 본 관계의 경계는 남한사회에서 더 명확하다. 일상생활의 장에서 북한 사람이나 탈북인에게는 수용되지 않을 만한 행위가 남한 사람에게는 수용되며, 북한 사람이나 탈북인에게는 수용되는 감정의 표현이 남한 사람에게는 수용되기 어려운 경우가 있다. 남한 사람에게는 돈을 빌려주거나 아이를 봐주는 것처럼 도움을 주는 일은 사적인 의미보다는, 친절이나 배려와 같은 도덕의 의미를 더 갖는다. 내가 소속감을 느끼는 내 집단의 구성원들이나 사적인 관계에 있는 사람들을 떠나서도 도움을 베푸는 것이 가능하다. 이에 비해 감정은 사적인 속성이 크게 반영된다. 탈북인에게는 일상적인 행위의 상호작용은 매우 제한적이며 사적으로 유지된다. 반면, 감정의 표현은 관계의 친소를 떠나 직설적으로 하도록 사회화되어 있다. 일상적 행위를 통해 감정을 유추하거나, 반대로 어떤 사람의 감정적 반응을 통해 어떤 행위의 가능성을 유추하는 과정에서 앞으로 남북한 주민이 서로 어려움을 겪을 수 있다. 일반적으로 예측할 수 있는 방향으로 행위와 감정이 짝을 이루지 못하는 상황이 발생할 수 있기 때문이다.

3) 탈북성인의 공·사적 관계에서의 행위 양식과 심리사회적 요인

탈북성인과 남한성인의 공·사적 관계에서 보이는 일상적 행위 양식이나 정서 표현방식은 단순히 사회문화적 차이 때문에 발생하는 것만은 아니다. 성별이나 연령, 입국 후 경과 기간과 같은 배경특성, 개인주의 또는 집단주의와 같은 가치정향, 그리고 사회적 박탈감이나 타인의 기대에 대한 부담, 타인의 불신에 대한 자신의 지각 등 개인적 요인이 중요한 기능을 하기도 한다.

우선 탈북성인이 가지고 있는 사적 관계망의 크기를 보면 연령이 높아질수록 사적 관계망의 크기가 작으며, 남성보다 여성의 사적 관계망의 크기가 작은 경향이 있다. 그리고 남한에 입국한 후 경과시간이 길수록 사적 관계망이 확대된다. 입국 후 경과 기간이 길수록 가족문제를 의논해도 괜찮은 관계, 연락 없이 우리 집을 방문해도 괜찮은 관계, 중요한 비밀을 말할 수 있다고 한 관계의 범위가 확대된다. 뿐만 아니라 남한에 가족이 있는지 여부는 관계망의 크기에 중요한 관련성이 있다. 남한에 가족이 일부 혹은 전부 있다고 한 탈북성인의 경우 사적 영역을 침범해도 좋다고 허용하는 관계의 범위가 더 넓었다. 이 같은 현상은 7개 행위유형 모두에게서 공통적으로 나타났다. 즉 남한에 가족이 있는 사람들은 일차적으로 부모와 형제를 중심으로 한 사적인 관계망이 형성되고 이를 바탕으로 자신의 친밀한 관계를 맺는 관계가 확대되고 있음을 보여준다.

사적인 행위가 허용되는 관계를 내집단이라고 볼 때 남한에서는 수평적 집합주의 성향이 높을수록 내집단의 범위가 넓어지는 반면 개인주의 성향이 높을수록 내집단의 범위가 좁아진다. 이러한 관계는 설명하기 어렵지 않다. 수평적 동료관계를 중시하는 수평적 집합주의 성향이 높을수록 내집단과 외집단의 경계가 분명하지 않고 내집단의 범위가 커질 수 있다. 경쟁적 인간관계관을 반영하는 개인주의 성향이 높은 경우에는 경쟁에서의 우위를 점하는 것을 중요하게 생각할수록 내집단과 외집단의 경계가 분명해지고 그 범위가 작아질 수 있다. 그런데 북한에서는 수직적 집합주의 성향이 커질수록 내집단의 범위가 작아진다. 다시 말해 내집단의 범위가 작을수록 집단의 이익을 위해 나의 이익을 희생하고, 내가 속한 조직의 결정에 따르는 성향이 더 공고하다는 의미이다. 경쟁적 인간관계관을 반영하는 수직적 개인주의 성향이 높을수록 내집단의 범위가 넓은 것 역시 해석하기 쉽지 않다.

이러한 결과는 내집단과 외집단을 구분하는 준거점이나 방법이 남한성인과 탈북성인 사이에 차이가 있을 수 있음을 주목하게 한다. 일반적으로 개인이 준거를 두고 소속감을 느끼는 내집단에서는 사회적 투사와 동일시가 더 많이 이루어진다(Robbinsons & Krueger, 2005). 내집단의 구성원들에 대해서는 유사성을 더 높게 인식하고, 집단의 이익과 개인의 이익을 동일시한다. 남한에서는 집합주의적 성향이 높고 개인주의적 성향이 낮은 사람일수록 사회적 투사가 이루어지는 내집단의 크기를 확대하면서 사회자본을 확장한다. 반면 개인주의 성향이 높은 사람은 내집단의 크기가 작다. 개인의 인간관계에서 공·사적 관계의 경계 자체가 경직적이지 않기 때문에 다양한 관계의 사람들을 내집단으로 인식하거나 동일시하는 것이 가능하다. 탈북인에게서는 이와 정반대의 현상이 발견된다. 북한에 거주할 당시 수직적 집단주의 성향이 강한 탈북성인일수록 사회적 투사와 동일시가 이루어지는 내집단의 크기를 최소화하여 자신의 이익보다는 자신이 속한 집단의 이익을 우선시 한다. 반면 경쟁적 가치관인 수직적 개인주의 성향이 높은 사람들은 내집단의 범위를 확대하여 사회자본화한다. 북한과 남한에서 관계를 자본화하는 방식과 개인의 가치관이 작동하는 방식이 다르다는 것을 암시하는 결과이다.

한편 탈북성인의 박탈감과 관계망 크기 간의 관계를 보면 차별의식이나 박탈감을 더 많이 지각할수록 내집단으로 생각하는 관계의 범위가 넓어지고, 그 구성원들에 대한 신뢰나 의존성이 더 커지는 것으로 해석해 볼 수 있다. 상대적 박탈감이 내가 속한 집단과 속하지 않은 집단 사이의 불공평한 분배가 이루어지고 있다는 인식에서 기인한다고 할 때 탈북인들은 북한사회에 있을 때 상대적 박탈감을 더 많이 인식할수록 개인적으로 신뢰하고 의존할 수 있는 관계망을 더 넓게 구축하는 경향이 있었음을 보여준다.

그런데 더 흥미로운 점은 이러한 경향성이 남한사회에 온 이후에도 나타나고 있으며 양자 간 상관관계의 정도가 더 크게 나타난다는 점이다. 특히 권력, 성별, 연령에 따른 차별을 느끼는 정도와 사적인 관계망의 크기 사이의 상관관계가 더 높게 나타났다. 다만 학력에 따른 차별이나 손해 정도는 북한이나 남한이 차이가 없었으며, 지역에 따른 박탈감과 관계망 크기 사이의 통계적 유의성은 오히려 사라졌다. 이러한 차이는 탈북인들이 북한에 있을 때는 함경남북도와 같이 평양에서 멀리 떨어진 주변부 국경지역에서 거주했던 것에 비해, 남한에서는 탈북인의 64%가 서울, 경기, 인천 지역에 거주한다(통일부, 2010)는 점에 기인하는 것으로 보인다. 남한에서는 수도권 지역에서 거주하기 때문에 북한에 있을 때에 비해 상대적으로 거주 지역에서 비롯된 소외감이나 박탈감이 변수가 되지 않는 것으로 해석된다.

전반적으로 볼 때, 탈북인들은 남한사회에서 지각하는 차별과 박탈감이 클수록 자기가 속한 집단을 더 넓은 범위로 규정하고, 그 안에서의 상호작용 역시 더 친밀하게 주고받는다. 탈북인으로서 남한에서 겪는 박탈감은 북한 출신이라는 배경에서 발생하는 박탈감이다. 이러한 박탈감은 탈북인들끼리 서로 공유할 수 있는 경험과 동질적 의식을 강화시키며, 탈북인 공동체와 내집단 의식을 만들어 낼 수 있다. 북한에 있었을 때는 혈연관계의 가족들 중심으로 내집단이 형성되고 유지되었지만, 남한에서는 가족이 없는 탈북인들끼리 가족처럼 지내면서 내집단을 형성하는 경우가 많이 있다. 탈북인들끼리 '가족처럼 지내기'는 이들이 남한사회에서 사회자본을 형성하고 유지하는 방법 중 하나이다(진미정 외, 2009).

타인에 대한 부담감은 남한성인의 경우 관계망 크기와 상관이 없었으나 탈북인들에게는 연관성이 있는 것으로 나타났다. 북한에서 생활할 당시 가족으로부터의 기대에 대한 부담은 내집단의 크기와 유의한 상관이 있었다. 즉 북한에서 생활할 당시 내집단의 크기가 클수록, 그리고 내집단 구성원들 간의 상호의존적인 관계가 더 공고할수록 내집단으로부터 오는 기대와 압력이 크고 이러한 기대가 내집단 구성원들에게 개인적 부담으로 작용할 수 있음을 의미한다. 탈북 이후에도 직장에서 자신에게 거는 기대가 관계망 크기와 관련이 있는데, 이는 직장에서 업무를 통해 보다 많은 성과를 만들어내야 한다는 기대가 탈북인들에게는 큰 부담과 스트레스를 야기할 수 있으며, 이러한 부담은 역설적으로 내가 속한 사적인 관계, 즉 내집단이라고 할 수 있는 관계의 확대를 촉진한 것으로 생각해 볼 수 있다.

북한에 있었을 때 탈북인들은 타인이 나를 정당하게 평가하거나 도와주지 않는다고 생각할수록 내집단의 크기가 작은 것으로 나타났는데, 이는 일반적인 관계에 대한 불신과 부정적인 평가가 내집단과 외집단의 경계를 명확하게 구분하게 하고, 소수로 구성된 내집단을 유지시키는 데 기여하는 것으로 해석해 볼 수 있다. 그런데 남한에 입국한 후 이러한 경향은 북한에 있었을 때와 다르게 타인이 나를 신뢰하지 않거나 도와주지 않고, 나의 역량을 과소평가하고 있다고 생각할수록 내집단의 크기가 커지는 것으로 나타났다. 북한에 있었을 때 탈북인들의 내집단에는 가족 이외의 사람들은 포함되지 않는 경우가 많았다. 그러나 남한에 온 후 이들의 내·외집단의 구성은 달라졌을 가능성이 높다. 남한에서 소수자로 살아가게 됨에 따라 이제는 분명한 준거집단으로서의 내집단과 외집단이 존재하게 된다. 이제 탈북인들에게 외집단이 먼저 규정되고 외집단에 속하지 않는 사람은 자연적으로 내집단에 속하게 된다. 남한사회에 온 이후 타인은 곧 남한성인이며, 남한성인들로부터 부정적인 평가를 받을수록 남한성인이 아닌 내집단에 대한 의존과 상호작용이 더 빈번해질 수 있다. 타인으로부터의 부정적인 평가와 내집단의 크기가 정적인 상관관계가 있다는 것이 이러한 해석을 가능하게 한다.

탈북 전후에 탈북인들이 인식하는 공·사적 관계의 구성이 달라진다는 것은 주목해야 할 결과이다. 이들이 가족 중심의 사적 관계망을, 탈북인 중심의 사적 관계망으로 확대한다는 것은 일견 관계망의 확대처럼 보이지만, 내집단 내에서 폐쇄적인 교류를 한다는 측면에서 이는 탈북인의 사회통합에 부정적인 영향을 미친다. 내집단을 넘어서는 신뢰 관계의 구축과 공·사적 세계의 경직된 경계를 완화시키는 노력이 필요하리라 생각된다.

4) 공적 관계 내 의사소통에 대한 지각 비교

남한성인들은 부모나 형제와의 사적 의사소통과 학교에서의 수용적, 명령적 의사소통 수준이 관련이 없고, 유일하게 형제 간에 개방적인 의사소통을 할수록 학교에서의 의사소통도 수용적이라고 평가하는 경향이 있었다. 이에 비해 탈북성인들은 부모와 형제에 대한 의사소통 개방성과 학교에서의 수용적, 명령적 의사소통 간에 연관성이 있었다. 그런데 그 결과를 보면 다소 모순적이다. 부모와 형제 사이에 개방적인 의사소통 수준과 교사-학생 간 수용적 경청태도는 서로 부적인 관계가 있어서, 이 두 가지 차원이 서로 반대로 움직이는 것을 알 수 있다. 학교에서의 의사소통이 수용적이지 않다고 생각할수록 가족 내에서의 의사소통은 더 개방적이고 솔직하게 이루어진다. 반대로 학교에서의 의사소통이 권위적이고 명령적이라고 생각할수록 집안에서의 의사소통도 개방성 수준이 낮아진다. 이러한 결과는 서로 모순적으로 보이는데, 공적인 맥락에서의 의사소통 양식이 사적인 의사소통을 비슷한 양식으로 발달시키거나 혹은 반대로 억제한다는 것을 의미한다. 그러나 구체적인 수준에서 이러한 의사소통이 어떤 방식으로 작동하는지를 분석하기 위해서는 좀 더 정교한 연구 설계가 필요할 것이다.

탈북성인들 사이에서는 학교에서의 수용적 의사소통이나 명령적 의사소통은 상사 및 친구에 대한 개방적 의사소통과 서로 부적인 상관관계가 있었다. 다시 말해 학교에서의 의사소통이 명령적이라고 생각할수록 가족 외적인 수직적 인간관계나 수평적 인간관계에서 모두 개방적 의사소통이 억제되는 것으로 나타났다. 학교에서 교사와의 의사소통 양식이 권위적이라고 생각하는 사람은 상사와의 의사소통도 솔직하고 개방적으로 하지 않는다는 것을 암시한다. 공적인 영역에서의 의사소통 양식은 학교든 직장이든 서로 관련된다는 것을 암시한다. 그러나 동시에 모순적인 발견도 있다. 학교에서의 의사소통이 수용적이라고 생각하지 않을수록 상사나 친구 관계에서의 의사소통은 더 솔직하고 개방적으로 이루어지는 것으로 나타났다. 이러한 결과는 앞에서와 마찬가지로 탈북성인에게서만 발견된다. 남한성인들은 학교에서 부모 학생 간 상호작용이 수용적으로 이루어진다고 생각할수록 부모와 직장상사에게 애정표시를 하는 정도가 높아졌다. 이외의 모든 관계에서 남한성인들의 감정 표현과 학교에서의 의사소통은 관련성이 없었다.

반면 탈북성인에게서는 학교에서의 의사소통이 명령적으로 이루어진다고 생각할수록 가족 내에서나 가족 외부의 관계에서 감정 표현의 수준이 낮은 것으로 나타났다. 상사, 형제, 친구와의 관계에서 슬픔, 분노, 싫어한다는 부정적인 감정의 표현이 제한되는 것을 알 수 있다. 이상한 것은 학교에서의 의사소통이 수용적이라고 한 경우에도 가족 내부와 외부에서의 인간관계에서 감정 표현이 소극적으로 나타난 것이다. 학교에서 교사와 학생 간의 의사소통이 수용적이라고 할수록 특히 수평적인 인간관계에서 슬픔, 분노, 애정의 표시가 소극적으로 제한되는 경향이 나타났다.

이러한 결과는 북한사회에서는 학교라는 공적인 맥락에서 이루어지는 의사소통 양식이 일상생활에서 가족과 직장, 친구관계에서 이루어지는 감정 표현에 영향을 미친다는 것을 의미한다. 탈북인들이 학교를 다니면서 경험한 의사소통의 양식이 직접적, 간접적으로 모든 인간관계에서의 의사소통과 감정 표현에 영향을 미치게 되며, 이를 통해 북한사회의 소통 방식을 파악할 수 있게 한다. 안타깝게도 본 연구에서는 이러한 역동성을 구체적으로 파악하지 못하였다. 이는 앞으로 북한의 각 급 학교에서의 의사소통 양식과 교육사회화에 대한 좀 더 면밀한 연구가 필요하다는 것을 시사한다.

5) 공·사적 관계의 행위 양식과 변화

본 연구에서는 성인들의 공·사적 관계에서의 소통 방식과 감정 표현이 생애 발달단계에 따라 어떻게 다른지, 이러한 사회화가 어떤 방식으로 이루어지는지를 이해하기 위해서 탈북청소년들에 대해 조사를 병행하였다. 탈북청소년들을 대상으로 한 질문은 크게 세 가지이다. 먼저 일상적 관계에서 공·사적 관계를 구분하는 범주가 탈북성인과 탈북청소년 사이에 차이가 있는지를 알아봄으로써 성인과 청소년을 비교해 보았다. 두 번째는 다면적 인성검사-청소년용을 사용하여 관계에 영향을 끼치는 탈북청소년의 심리적 특성을 남한청소년과 비교하여 분석해 보았다. 마지막으로, 문장완성검사를 사용해 사적에서 공적으로 점차 확장되는 관계들에 대해 가장 먼저 떠오르는 이미지에 대해 알아봄으로써 관계에 대한 인식과 적응상태를 파악해 보았다. 이를 통해 나타난 결과를 정리해 보면 다음과 같다.

개인의 발달단계에 따라 공·사적 관계에서 수용되는 주요 행위 양식은 다르게 발견되었다. 탈북성인과는 달리 탈북청소년의 사회적 관계에서는 그 누구보다 친구가 가장 중요한 비중을 차지한다. 친구에게 사적 영역을 공유하는 친밀성의 관계망이 넓고, 돈을 빌려주거나 중요한 비밀을 말하거나 연락 없이 우리 집에 오는 행위 등에 대해서도 부모나 형제보다 친구에게 더 개방적인 모습을 보인다. 탈북성인들이 가족과 혈연 중심의 내집단을 형성하는 것과는 달리, 탈북청소년들은 친구 중심의 내집단을 형성한다. 이러한 결과는 북한에서 아동기와 청소년기를 보낸 성인들의 사회화 경험과 중국이나 한국에서 아동기와 청소년기를 보낸 청소년들의 경험이 다를 수 있다는 점을 보여주는 동시에, 또래 관계 중심의 청소년기 특징이 탈북청소년들에게도 강하게 나타난다는 것으로 보여준다.

사회적 관계에 영향을 끼치는 심리적 특성을 알아본 다면적 인성검사의 분석 결과는 예상과 달리 탈북청소년이 남한청소년보다 더 적응적인 것으로 나타났다. 분노 조절과 사회적 불편감, 미성숙성 척도에서 남여 모두 탈북청소년이 보다 적응적인 경향을 보였는데, 이는 북한 체제를 벗어나려는 결심에서부터 남한으로 오는 과정에서 겪었을 청소년들의 험난했을 경험과 이를 견뎌내며 물리적 적응능력, 대처 능력이 높아졌기 때문으로 이해할 수 있다. 하지만, 냉소적 태도 척도에서는 탈북청소년보다 남한청소년들이 더 긍정적인 모습을 보였는데, 이는 비록 탈북청소년들이 사회에 적응적으로 대처하는 행동력은 갖추었으나 심리적으로는 사회와 타인에 대한 뿌리 깊은 불신이 자리 잡고 있는 것으로 보인다.

마지막으로 사회적 관계망에 대한 인식을 알아보기 위한 문장완성검사에서 탈북청소년들은 우려와 달리 대체로 긍정적인 시각을 유지하고 있었다. 자기개념 영역에 있어서는 발전적 미래를 꿈꾸며 성취나 성공에 대한 고민과 노력하는 모습이 눈에 띄게 나타났다. 가족 영역에서는 어머니와 아버지에 대해 애정을 표현하는 경우가 많았으나, 탈북청소년의 상황적 특성상 고생하고 병들고 이중성을 보이는 대상으로 회상하는 빈도도 상당했다. 특히, 가족을 부양하는 것을 자식의 의무라고 응답한 경우가 15%였는데, 이는 현재 이들이 가장의 위치에 있거나 탈북 과정에서 이들에게 가족 생계의 부담이 지워졌기 때문으로 예상할 수 있다. 대인관계 영역에서는 윗사람이나 선생님에 대해 적극적인 호감을 표시하는 경우가 많았는데, 이는 현재 남한청소년들이 윗사람이나 선생님들이 더 이상 존경의 대상이 되지 못해 문제가 되고 있음을 지적하는 상황과 강한 대비가 되는 부분이라 할 수 있다. 이는 탈북청소년들이 권위에 대해 보다 전통적인 인식, 태도를 갖고 있기 때문일 수도 있고, 남한에서 현재 맺고 있는 관계망 속에서의 성인과 교사가 자신들에게 절대적인 도움을 주는 대상이기 때문으로 해석할 수도 있을 것이다. 권위자에 대한 인식 중 김정일 위원장에 대한 응답은 반감과 중립적인 태도가 반반 정도로 나타났는데, 이는 비록 탈북청소년들이 북한 체제를 이탈하기는 했으나 사회 체제에 대한 명확한 비판의식을 갖고 있지는 않음을 반영한다고 볼 수 있다. 또한, 태어나면서부터 강한 주체사상 교육을 받았기 때문에, 김정일 위원장에 대한 부정적 반응을 보이는 것이 무의식적으로 억제되고 있을 가능성도 있다. 사회적 영역에서는 남여에 대한 인식을 볼 수 있었는데, 전통적인 남성성과 여성성에 대해 긍정적으로 표현하기도 하고, 부정적으로 표현하기도 하는 등 다양한 입장을 보여주었다.

한겨레학교라는 주어진 공간에서 생활하는 조사 대상 탈북청소년에게 있어 사회적 관계망은 제한적일 수밖에 없다. 이들은 친구와 교사를 가장 친밀하게 여기고 있으며, 탈북 과정에서의 경험은 주어진 상황에 더 적응적인 심리적 특성을 갖게 하였다. 이들은 가족 해체와 빈곤과 같은 극한 탈북 경험에도 불구하고 사회적 관계에 긍정적이고 희망적인 시선을 유지하고 있었다. 일정 시간이 지나면, 학교라는 보호막에서 벗어나 혼자 서야 할 이들에게, 우리

사회는 현재 이들이 가진 미래에 대한 꿈을 펼칠 수 있도록 따뜻한 관계망, 안전망을 제공해 주어야 할 것이다.

제8장

제언 및 연구의 한계점

이 연구의 목적은 탈북인을 통해 추정한 북한주민과 남한주민의 공·사적 관계의 구성 및 의사소통 양식을 비교하여 유사성과 차이점을 검토, 분석함으로써 현재 탈북인 및 장래 통일 후 유입될 북한주민과 남한주민의 심리사회적 통합에 필요한 기초정보를 제공하고자 하는 것이었다. 이 연구에서 수집한 자료와 분석 결과에 의하면 대체로 북한주민과 남한주민의 공·사적 관계의 구성과 그 안에서 이루어지는 행위 양식에 차이가 있음을 알 수 있었다. 북한주민과 남한주민이 서로에 대해서 신뢰할 수 없거나 이해하지 못하는 이유를 사회문화적 토대에서 찾는다고 할 때, 이러한 토대는 공적관계와 사적관계에서 허용되는 행위 유형 및 정서적 표현 방식의 차이, 그리고 그러한 유형 및 표현 방식을 수반하는 관계설정 방식의 차이로 설명할 수 있었다. 이 연구의 결과를 통해 볼 때 북한주민과 남한주민의 심리사회적 통합을 꾀하기 위해 다음과 같은 점을 고려해 볼 수 있다.

첫째, 일상적으로 일어나는 행위나 감정의 표현이 본질적으로 사회문화적이라는 점을 다시 한 번 강조할 필요가 있다. 의미를 창출하고 전달하는 의사소통의 양식은 사회적으로 규범화되어 있고, 아동기부터 가족을 통해 사회화된다. 사람들은 의사소통을 통해 관계의 친소를 규정하고 거리를 조절한다(Galvin & Brommel, 1986). 즉, 북한주민들이 보여주는 혈연중심의 폐쇄적 사적 관계망은 공적 세계의 경직성과 낮은 사회자본 수준에 적응한 결과이다. 북한사회의 공적 세계는 당 중심의 조직이 위계적 사회주의 원칙에 따라 작동하는 세계이다. 그러한 공적 세계에 대한 불신은 상대적으로 경계가 명확한 사적 관계망을 형성하게 하였다. 남한주민들에 비해 북한주민들이 보여주는 공·사적 세계의 관계망은 경직되어 있다.

또한 직설적이고 강도 높은 북한주민들의 감정 표현은 북한사회의 사회화 방식을 반영한다. 긍정적 감정이든 부정적 감정이든 겉으로 드러내고 표현하는 경향성을 두고, 정향진(2005)은 감정 표현의 계층적 차이를 언급한 바 있다. 즉, 감정 통제와 계층은 서로 관련이 있어서, 중간 계층에서는 감정을 통제하고 관리하는 것이 주요한 덕목이기 때문에 사회화에서 전반적인 감정 통제를 강조한다. 중간 계층이 확산될수록 감정 표현의 통제와 관리가 중요시된다. 이렇게 본다면, 북한사회의 주변적 계층인 탈북인들에게 감정 통제에 대한 사회화가 강도 있게 이루어지지 않았을 가능성이 있다. 그러나 이러한 특징이 단순히 탈북인에게서만 나타나는 것이 아니라 북한주민 전체에 적용되는 것이라면 계층적 차이와 무관한 북한사회 고유의 감정 표현 방식과 사회화 방식이 있음을 가정할 수 있을 것이다. 그러한 감정 표현 방식이 가정이나 학교를 통해서 사회화되며, 공·사적 세계의 관계를 통해 재생산된다고 할 수 있을 것이다. 이러한 결과는 북한주민과 남한주민 간에 오해가 발생하는 이유를 서로 이해하고 공·사적 관계에서의 행위 유형이나 감정 표현 방식이 서로 다르다는 점을 구체적으로 이해함으로써 서로에 대한 이해를 촉진할 수 있다는 가능성을 보여준다. 앞으로 남북한 사람의 심리사회적 통합을 꾀하는 교육을 고안할 때, 이러한 공·사적 관계에서의 행위 유형과 감정 표현방식의 차이점에 주목할 필요가 있다.

둘째, 공·사적 세계의 구성과 의사소통 양식이 사회문화적으로 학습되는 것이라면, 사회문화적 환경이 달라질 때 이러한 구성과 양식도 달라질 수 있음을 시사한다. 연구결과를 통해 탈북 이후 제3국에서의 경험이나 남한에서의 경험이 개인의 공·사적 관계의 구성과 의사소통 양식에 영향을 미친다는 점을 보여주었다. 물론 이러한 방식은 생애 초기에 사회화되는 것이기 때문에 쉽게 변화하지는 않는다. 그럼에도 불구하고 탈북인이 남한에 와서 내집단의 구성과 경계를 변화시킨 점에 비추어 볼 때, 학습을 통한 변화가 불가능한 것은 아니다. 물론 탈북인의 일상적인 행위 양식이나 감정 표현 방식이 남한성인과 다르다고 해서 이를 '남한식'으로 변화시켜야 한다는 의미는 아니다. 일방적인 동화를 강요하는 통합은 경계되어야 한다. 그러나 가족 중심의 사적 세계는 탈북인들이 새로운 사회에 적응하는 데 꼭 긍정적인 역할만 하는 것은 아니다. 다양한 사람들과 유연한 상호작용을 하는 것이 탈북인의 적응을 돕는 요인이 될 수 있다. 폐쇄적이고 경직된 공·사적 세계에 대한 인식 대신 개방적이고 융통성 있는 인식이 이들의 사회자본 축적에 더 유리하다. 이러한 변화를 촉진하는 학습경험을 조직함으로써 그들의 변화를 조력할 수 있을 것으로 생각한다.

셋째, 모든 측면의 의사소통 양식 또는 공·사적 관계를 규정하는 심리내적 표상이 동일한 정도로 변화하지 않으며, 또 예측된 방향으로 변화하지 않는다는 점을 고려해야 한다. 예컨대, '반대를 무릅쓰고 자신의 의견을 말한다'는 특성은 남한에서 지낸 시간이 오래될수록 낮아지는 반면 '솔직하게 의견을 이야기한다'는 특성은 남한에서 지낸 시간이 오래될수록 더 강화되는 것으로 나타났다. 의사소통 양식 중에서 어떤 점은 남한주민과 유사해지는 방향으로, 또 다른 점은 차이가 더 두드러지는 방향으로 변화할 수도 있다. 어떤 특성은 동화되고, 어떤 특성은 그대로 유지되는지, 그러한 결과를 초래하는 배경이나 변수가 무엇인지 등을 밝히는 것은 또 다른 중요한 연구문제가 될 것이다. 본 연구에서는 단지 남한에 입국한 후 경과된 시간이나 남한에 가족이 있는지 여부만을 살펴보았으나, 좀 더 많은 변수들을 고려하여 연구할 필요가 있다.

이 연구는 남북한 주민의 의사소통 양식의 차이를 공·사적 관계의 구성과 연결시켜 설명했다는 점에서 중요한 의의와 가치가 있다. 사회문화적 배경의 차이에서 비롯된 공·사적 세계 구성의 차이, 그리고 이러한 세계에서 이루어지는 행위와 감정 표현 방식의 차이를 통해 남한주민과 북한주민이 소유한 공·사적 세계의 인지도가 양적으로나 질적으로 다를 수 있음을 알게 되었다.

그러나 이 연구가 여러 가지 한계점을 가지고 있다는 점을 명시하지 않을 수 없다. 공·사적 세계의 구성을 탐색하기 위해 사용한 설문 문항이나 척도가 이론적 근거를 좀 더 충실하게 갖추었더라면 탐색적 성과를 넘어 이론 발전에 기여하는 성과를 낼 수 있었을텐데 그렇게 하지 못하였다. 예컨대 공·사적 관계를 규명하기 위해 선정한 7개의 일상적 행위에 대한 충분한 검토가 필요하다. 즉 이 7개의 행위가 과연 모든 사람에게 충분히 교환관계가 발생하는 행위와 개인적인 영역을 침범하는 행위로 간주되는지에 대해 확정적으로 말하기 어렵다. 물론 이러한 행위들은 연구자들이 여러 가지 행위 중에서 선정하고 검토한 후, 합의한 행위들이긴 하지만 아직 탐색적인 목적으로 사용할 수 있는 행위범주들임을 염두에 두어야 한다. 따라서 이러한 행위가 탈북성인과 탈북청소년들에게 사적인 관계에서 발생할 수 있는 행위들로 가장 적합한 것인지는 앞으로 반복적인 연구를 통해 좀 더 분명해져야 할 것이다.

또한 학교나 직장과 같은 공적인 장에서의 의사소통 양식뿐 아니라 가족 내에서의 의사소통 양식 역시 체계적으로 조사할 필요가 있었으나 본 연구에서는 이 내용을 담지 못하였다. 사적인 장에서의 의사소통을 직접 조사하지 못하였기 때문에 공적인 장과 사적인 장에서의 의사소통이 상호 어떻게 영향을 주고받는지를 충분히 연구하지 못하였다. 이러한 한계점 때문에 학교와 직장에서의 의사소통 양식이 다양한 관계에서의 감정 표현 방식과 연관성이 있는지를 살펴보기만 했을 뿐 연결되는 고리를 논리적으로 파악하지 못하였다.

마지막으로 청소년 자료가 기숙형 학교인 한겨레학교 학생들에 국한하여 수집되었기 때문에 현재 가족과 함께 살고 있지 않는 청소년들만을 조사하였다는 점, 그래서 이들의 공·사적 관계의 구성이 한쪽으로 치우칠 수 있음을 통제하지 못하였다는 점도 한계점이다. 이 밖에도 북한에서의 경험을 과거 기억에 의존하여 평가할 수밖에 없었다는 점, 설문지에 대한 탈북인의 반응방식을 좀 더 고려하지 못했다는 점 등이 연구의 한계가 될 것인데, 이와 같은 부분적인 문제점을 개선한 연구가 지속적으로 이루어지길 기대한다.

통일 후 남북한 사람들의 심리사회적 통합은 오랜 시간을 요하는 과업이 될 것이다. 남북한 사람들이 오해와 불신 없이 의사소통하기 위해 어떤 점들이 미리 파악되고 준비되어야 하는가에 대해 많은 연구가 이루어져야 할 것이다. 본 연구가 그 준비에 일조하는 연구가 되길 기대한다.

참고문헌

강재원(1995). 「중학교 담임교사의 의사소통 유형과 집단응집성 관계연구」. 한국교원대학교 대학원 석사학위 청구논문.

김미령(2005). 「탈북자의 적응스트레스와 사회적 지지가 우울성향에 미치는 영향」. 『한국사회복지학』 57(1), 193-217.

미셸 페로(2006). 『사생활의 역사』. 새물결.

박윤숙(2007). 「탈북청소년의 사회적 지지 특성과 남한사회 적응과의 관계」. 『한국사회학』 41(1), 124-155.

박현선(2003). 『현대 북한사회와 가족』. 한울아카데미.

송지준(2005). 「남한 거주 탈북자들의 관광만족, 여가만족, 사회적 지지가 우울 성향에 미치는 영향」. 『관광연구저널』 19(3), 209-227.

이기춘·이기영·이은영·이순형·김대년·박영숙·최연실(2001). 『통일에 앞서 보는 북한의 가정생활문화』. 서울대학교출판부.

이소래(1996). 「남한이주 북한이탈주민의 문화적응 스트레스에 관한 연구」. 이화여자대학교 대학원 석사학위 청구논문.

이순형(2010). 『한국인의 자아정체 형성과 변화』. 서울대학교출판문화원.

이순형·조수철·김창대·진미정(2007). 『탈북가족의 적응과 심리적 통합』. 서울대학교출판부.

이순형·김창대·진미정(2009). 『탈북민의 가족해체와 재구성』. 서울대학교출판부.

진미정·이순형·김창대(2009). 『탈북민의 사회관계망과 사회적 자본』. 학지사.

조선일보(2010년 3월 17일).

찰스 암스트롱(2006). 『북조선 탄생』. 서해문집.

채정민·김종남(2004). 「북한이탈주민의 상대적 박탈감과 심리적 적응: 개인적 정체감과 사회적 정체감의 영향을 중심으로」. 『한국심리학회지: 사회 및 성격』 18(1), 41-63.

최기석(2002). 「중등교사의 자기장학 실태와 그 효과」. 전북대학교 교육대학원 석사학위 청구논문.

통일부(2010). 『통일백서』.

Archer, R., Pancoast, D., & Gordon, R.(1994) The development of the MMPI-A Immaturity scale.; Findings for Normal and Clinical Samples. *Journal of Personality Assessment*, 62(1): 145-156.

Bronfenbrenner U.(1979). *The Ecology of Human Development: Experiments by Nature and Design*. Cambridge, MA: Harvard University Press.

Calhoun, C.(1993). Civil Society and the Public Sphere, *Public Culture* 5(2): 267-280.

Habermas, J.(1989a). The Public Sphere: An Encyclopedia Article. In *Critical Theory and Society: A Reader*, ed. Stephen Bronner and Douglas Kellner, 136-142. London: Routledge.

______ (1989b). *The Structural Transformation of the Public Sphere: An Inquiry into a Category of Bourgeois Society*. Cambridge, MA: MIT Press.

Huang, P. C. C.(1993). "Public Sphere""Civil Society" in China? The Third Realm between State and Society, *Modern China* 19(2): 216-240.

Keane, J.(1988). Introduction. In *Civil Society and the State: New European Perspective*, ed. John Keane, 1-31. NY: Verso.

Loevinger, J.(1976). *Ego Development*. San Francisco; Jossey-Bass.

Rau, Z.(1991). Introduction. In *The Reemergence of Civil Society in Eastern Europe and the Soviet Union*, ed. Zbigniew Rau, 1-23. Boulder, CO: Westview Press.

Rowe, W.(1984). *Hankow: Commerce and Society in a Chinese City, 1796-1895*. Stanford: Stanford University Press.

Schmitt, M. & Maes, J.(2002). Stereotypic Ingroup bias as self-defense against relative deprivation: Evidence from Longitudinal study of the German Unification process, *European Journal of Social Psychology*, 32, 309-326.

Triandis, H. C.(1995). *Individualism and Collectivism*. Boulder, CO: Westview Press.

Triandis, H. C., & Gelfand, M. J.(1998). Converging measurements of horizontal and vertical individualism and collectivism. *Journal of Personality and Social Psychology*, 74,

118-128.

Wakeman, F. Jr.(1993). The Civil Society and Public Sphere Debate: Western Reflections on Chinese Political Culture, *Modern China* 19(2): 108-138.

Weintraub, J.(1997). The Theory and Politics of the Public/Private Distinction. In *Public and Private in Thought and Practice*, ed, Jeff Weintraub and Krishan Kumar, pp. 1-42. Chicago: The University of Chicago Press.

찾아보기

Abstract

Social Interactions and Communications of North Korean Refugees in Public and Private Spheres

Soon-Hyung Yi · Chang-Dae Kim · Meejung Chin

Since the number of North Korean refugees has increased, social interactions between North Koreans and South Koreans have increased as well. However, negative perceptions toward each other still exist because of the differences in the modes of social interactions. Some South Koreans say that North Koreans have different social interaction codes from those of South Koreans. Since North and South Koreans have long been separated under different political-economic systems, they may have developed different social and cultural behavior codes. In order to better understand North Koreans' social interaction patterns, this study focuses on the concept of public and private spheres of North Korea. Because North Korea is one of the strongest 'command state', the authority of state oversees even the private spheres of North Koreans. Thus, they have developed different codes of intimacy and privacy in private spheres.

Data were collected from a survey of North Korean refugees living in South Korea in 2009. The participants consisted of 369 North Korean adults (116 males and 244 females) and 102 adolescents (48 males and 54 females). For comparison, we collected similar information from 271 South Korean adults (107 males and 163 females). Not only did we compare the responses of North and South Koreans, we also compared the responses of North Korean adults and adolescents to highlight the developmental differences. The questionnaire asked about the behavioral and emotional boundary of privacy, expression of positive and negative affections, communication at school or workplace, related changes or experiences in value orientation, relative deprivation, (dis)trust, and personalities.

The results showed that on average, North Koreans had a smaller range of intimate relations compared to South Koreans. North Korean adults tended to maintain an exclusive social network which consisted of own parents and siblings. Little intimacy and privacy was allowed beyond this closed network. In comparing North Korean adults and adolescents, we found different patterns. North Korean adolescents had narrower boundaries in terms of intimacy and privacy. One exception was the relationship with friends. North Korean adolescents were more generous toward friends to intervene privacy. This was not surprising considering the general tendency of peer-centered relations in adolescence. The results indicated that there were cultural and developmental differences in perceiving intimacy and privacy in social relations.

In terms of verbal and emotional communication, North Korean refugees communicated more openly with others – even negative aspects, such as criticism to others. South Koreans were less willingly communicated negative messages. While South Koreans most openly communicated with spouses or friends, North Korean refugees most openly communicated with parents, siblings and spouses but not with friends. These differences were larger as they lived longer in South Korea. Similar patterns were discovered in the way of expressing emotions. With exception to spouses, North Korean refugees more openly expressed their positive or negative emotions to others compared to South Koreans. As the time spent in South Korea became longer, these tendency intensified.

There were some differences in the association between value orientation and the size of private relations among South Koreans and North Korean refugees. Although the size of private relations network was larger for those who had higher scores on collectivism among South Koreans, the association wasopposite for North Korean refugees. When they were in North Korea, those who perceived higher social deprivation had smaller private relations network whereas, when they were in South Korea, those who perceived higher social deprivation had larger private relations network. In other words, when they perceived relative deprivation in North Korea, they tended to form limited private relations with immediate family members. However, when they came to South Korea, their private relations reached beyond immediate family and created larger inner group on which they could rely.

Communication modes occurring at public sphere such as school and workplace had a close relationship with communication mode at private sphere for North Korean refugees but not for South Koreans. That is, those, who perceived communication mode at school authoritarian, were less likely to communicate openly even to the members of private network. These associations were not found among South Koreans.

In sum, significant differences were found in the modes of social interaction and verbal and emotional communications between South Koreans and North Korean refugees. North Korean refugees were more family oriented in their social interactions. They shared their thoughts and emotions freely with parents and siblings. In comparison, South Koreans opened their thoughts and emotions to spouses but not to their parents. North Korean refugees were more straightforward in expressing their emotions than South Koreans. These differences were larger as they have spent longer time in South Korea. Consequently, these differences may create misunderstandings and even distrust between the two groups of people when they interact each other. Understanding how they differ in the characteristics of social interactions and communication is the first step to prepare for social integration between South and North Koreans when the two Koreas unify. We hope the findings of this study contribute in facilitating social interactions and understandings of each other.

부록

부록 1　탈북성인 대상 설문지
부록 2　남한성인 대상 설문지
부록 3　탈북청소년 대상 설문지

부록 1. 탈북성인 대상 설문지

자료번호: | | | |

질 문 지

안녕하십니까?

조사에 협조해 주신 여러분께 감사의 말씀을 드립니다.

이 질문지는 다른 사람에 대한 생각과 그에 따른 행동차이를 조사하기 위한 내용으로 구성되어 있습니다. 여러분은 **북한사회에서 생활하던 때를 기억**하여, 그때의 생각과 행동을 솔직하게 표현해 주시면 됩니다. 각 문항에 정답은 없으며, 북한사회에서 여러분이 했던 생각이나 행동과 일치하는 곳에 표시해 주시면 됩니다.

응답해 주신 자료는 순수한 학술자료를 위해 통계 분석되어 응답자에 관한 모든 정보의 비밀이 보장되오니 개인 신상 정보의 유출을 걱정할 필요가 없으십니다.

설문 중에 무응답이 있는 경우는 분석 자료로서 사용할 수 없으므로 **한 문항도 빠짐없이 응답**해 주실 것을 부탁드립니다. 그리고 **솔직하게 응답해 주시기를 간곡히 부탁**드립니다.

혹시 이 연구결과에 관심이 있으시면 아래 메일 주소로 연락해 주시면 그 결과를 알려드리겠습니다. 여러 가지 바쁘신 중에도 이 **실문조사에 응답해 주심에 깊이 감사**드립니다. 본 연구가 여러분들의 적응을 위한 사회적 관심과 정책 마련에 밑거름이 될 수 있도록 노력하겠습니다.

서울대학교 생활과학대학 아동가족학과 교수 이순형

◈ 다음은 북한사회에서 생활하던 때, 귀하의 생각에 대한 문항입니다. 각 문항을 잘 읽고 해당되는 번호에 ✔표해 주세요.

번호	문항내용	전혀 그렇지 않다	별로 그렇지 않다	보통이다	조금 그렇다	매우 그렇다
1	사람들과 함께 어떤 일을 같이 할 때 기분이 좋았다.	①	②	③	④	⑤
2	동료가 상을 타면 나도 자부심을 느꼈다.	①	②	③	④	⑤
3	친척이 경제적인 어려움을 겪을 때 나는 능력껏 도와주었다.	①	②	③	④	⑤
4	집단의 결정사항을 존중하는 것이 중요했다.	①	②	③	④	⑤
5	내가 속한 집단을 위해 나의 이익을 양보했다.	①	②	③	④	⑤
6	나는 내가 속한 집단 구성원의 의견을 존중했다.	①	②	③	④	⑤
7	나만의 개성을 추구하는 것이 중요했다.	①	②	③	④	⑤
8	나는 독립적인 인격체가 되는 것이 중요했다.	①	②	③	④	⑤
9	다른 사람에게 의존하기보다는 나 자신에게 의존했다.	①	②	③	④	⑤
10	나는 매사에 다른 사람들보다 잘 해야 했다.	①	②	③	④	⑤
11	경쟁은 삶의 원칙이었다.	①	②	③	④	⑤
12	어느 경쟁에서나 이기는 것이 중요했다.	①	②	③	④	⑤

◈ 다음은 북한사회에서 생활하며 귀하가 느꼈던 바에 대한 문항입니다. 각 문항을 잘 읽고 해당되는 번호에 ✔표해 주세요.

번호	문항내용	전혀 그렇지 않다	별로 그렇지 않다	보통이다	조금 그렇다	매우 그렇다
1	나는 지방에서 살아서 손해를 본 적이 있었다.	①	②	③	④	⑤
2	나는 학력이 낮아서 손해를 본 적이 있었다.	①	②	③	④	⑤
3	나는 당원이 아니라서 손해를 본 적이 있었다.	①	②	③	④	⑤
4	나는 여자라서(남자라서) 손해를 본 적이 있었다.	①	②	③	④	⑤
5	나는 나이가 어려서(많아서) 손해를 본 적이 있었다.	①	②	③	④	⑤
6	가정에서 나에게 거는 기대가 부담스러웠다.	①	②	③	④	⑤
7	직장에서 나에게 거는 기대가 부담스러웠다.	①	②	③	④	⑤
8	사람들은 나를 신뢰하지 않았다.	①	②	③	④	⑤
9	사람들은 나의 능력을 과소평가했다.	①	②	③	④	⑤
10	사람들은 나를 도와주지 않았다.	①	②	③	④	⑤

◈ 다음은 다른 사람과의 관계에 대한 문항입니다. 각 문항을 잘 읽고 ○○에 해당되는 사람의 번호에 모두 ✔표해 주세요.

번호	문항내용	부모	형제	친구	이웃	동료	상사	반장
1	○○가 급할 때 나는 흔쾌히 돈을 빌려줄 수 있었다.	①	②	③	④	⑤	⑥	⑦
2	○○가 갑자기 나에게 자녀를 돌봐달라고 해도 괜찮았다.	①	②	③	④	⑤	⑥	⑦
3	○○와 가족문제(부부/자녀에 관한)를 의논할 수 있었다.	①	②	③	④	⑤	⑥	⑦
4	○○가 나에게 온 편지를 먼저 뜯어봐도 괜찮았다.	①	②	③	④	⑤	⑥	⑦
5	○○가 연락하지 않고 우리 집을 방문해도 괜찮았다.	①	②	③	④	⑤	⑥	⑦
6	○○에게 중요한 비밀을 말할 수 있었다. (예: 나는 나의 탈북계획에 대해 ○○에게 암시를 주었다)	①	②	③	④	⑤	⑥	⑦
7	○○에게 반말을 쓰는 것도 괜찮았다.	①	②	③	④	⑤	⑥	⑦

◈ 다음은 북한사회의 교사와 학생간의 관계에서 교사와 학생의 태도에 관한 질문입니다. 각 문항을 잘 읽고 해당되는 번호에 ✔표해 주세요.

번호	문항내용	전혀 그렇지 않다	별로 그렇지 않다	보통이다	조금 그렇다	매우 그렇다
1	교사는 학생들과 시선을 맞추며 이야기했다.	①	②	③	④	⑤
2	교사는 학생들의 말을 끝까지 들어주었다.	①	②	③	④	⑤
3	학생들은 교사에게 마음을 터놓고 대화를 했다.	①	②	③	④	⑤
4	교사는 학생들이 질문에 대해 생각하고 대답할 시간을 충분히 주었다.	①	②	③	④	⑤
5	교사는 편지나 게시물 등의 방식으로도 학생의 의견을 들었다.	①	②	③	④	⑤
6	교사는 학생에게 주로 "하라", "하지 마라"는 식으로 말했다.	①	②	③	④	⑤
7	교사는 학생의 이해를 돕기 위하여 여러 가지 방법을 사용하여 설명해 주었다.	①	②	③	④	⑤
8	교사는 학생들을 꾸짖을 때도 설득하듯이 말했다.	①	②	③	④	⑤
9	교사는 학급의 중요한 일을 학생의 의견을 묻고 결정했다.	①	②	③	④	⑤
10	교사는 무엇이든 학생 스스로 하는 것을 중요하게 생각했다.	①	②	③	④	⑤

◈ 다음은 북한의 조직사회에서 귀하의 태도에 관한 질문입니다. 각 문항을 잘 읽고 해당되는 번호에 ✔표해 주세요.

번호	문항내용	전혀 그렇지 않다	별로 그렇지 않다	보통 이다	조금 그렇다	매우 그렇다
1	나는 중요한 결정 시 나의 생각보다 상급자의 지시에 따르는 경우가 많았다.	①	②	③	④	⑤
2	나는 하급자의 잘못된 판단이나 행동에 대해 지적하는 편이었다.	①	②	③	④	⑤
3	나는 하급자의 의견을 업무에 반영하려 노력하는 편이었다.	①	②	③	④	⑤
4	나는 상급자에게 개인적 문제도 자연스럽게 표현하는 편이었다.	①	②	③	④	⑤
5	나는 원활한 업무추진을 위해 상대방과 의견교환 하려고 노력했다.	①	②	③	④	⑤
6	나는 회의 시 자유로운 의견교환을 통해 결론이 도출되도록 노력하는 편이었다.	①	②	③	④	⑤
7	우리 작업장은 동료들과의 의사소통이 활발하며 자유스러운 분위기라고 생각했다.	①	②	③	④	⑤
8	나는 동료들과의 인간관계 형성을 위해 노력했다.	①	②	③	④	⑤
9	나는 작업장 내 비공식적 모임이 공식 모임보다 업무수행에 도움을 많이 주며 지원적이라고 생각했다.	①	②	③	④	⑤
10	나는 동창회, 동기회 등의 비공식적 모임에 자주 참석했다.	①	②	③	④	⑤

◈ 다음은 남편 혹은 아내에게 귀하가 어떻게 느끼고 행동하는 가에 관한 질문입니다. 각 문항을 잘 읽고 해당되는 번호에 ✔표해 주세요.

번호	문항내용	전혀 그렇지 않다	별로 그렇지 않다	보통 이다	조금 그렇다	매우 그렇다
1	나는 남편(아내)에게 나의 생각을 주저하지 않고 얘기했다.	①	②	③	④	⑤
2	나는 남편(아내)에게 다른 사람의 흉을 볼 수 있었다.	①	②	③	④	⑤
3	나는 내가 원하는 바를 남편(아내)에게 부탁하려면 두려웠다.	①	②	③	④	⑤
4	나는 남편(아내)이 반대해도 내 의견을 말했다.	①	②	③	④	⑤
5	나는 남편(아내)가 불편해 보이면 기분을 맞추려고 했다.	①	②	③	④	⑤

6	나는 남편(아내)의 단점이나 잘못을 얘기해 주었다.	①	②	③	④	⑤
7	나는 남편(아내)에게 슬픔을 표현할 수 있었다.	①	②	③	④	⑤
8	나는 남편(아내)에게 우울함을 표현할 수 있었다.	①	②	③	④	⑤
9	나는 남편(아내)에게 화났다고 말할 수 있었다.	①	②	③	④	⑤
10	나는 남편(아내)에게 화난 표정을 지을 수 있었다.	①	②	③	④	⑤
11	나는 남편(아내)에게 좋아한다고 말할 수 있었다.	①	②	③	④	⑤
12	나는 남편(아내)에게 사랑한다고 말할 수 있었다.	①	②	③	④	⑤
13	나는 남편(아내)에게 싫어한다고 말할 수 있었다.	①	②	③	④	⑤
14	나는 남편(아내)에게 실망했다고 말할 수 있었다.	①	②	③	④	⑤
15	나는 남편(아내)에게 (정이 들었다면) '정 들었다'고 말할 수 있었다.	①	②	③	④	⑤
16	나는 남편(아내)에게 (정 떨어질 때) '정 떨어진다'고 말할 수 있었다.	①	②	③	④	⑤

◈ 다음은 부모님에게 귀하가 어떻게 느끼고 행동하는가에 관한 질문입니다. 각 문항을 잘 읽고 해당되는 번호에 ✔표해 주세요.

번호	문항내용	전혀 그렇지 않다	별로 그렇지 않다	보통이다	조금 그렇다	매우 그렇다
1	나는 부모님에게 나의 생각을 주저하지 않고 말씀드렸다.	①	②	③	④	⑤
2	나는 부모님에게 다른 사람의 흉을 볼 수 있었다.	①	②	③	④	⑤
3	나는 내가 원하는 바를 부모님에게 부탁하려면 두려웠다.	①	②	③	④	⑤
4	나는 부모님이 반대해도 내 의견을 말했다.	①	②	③	④	⑤
5	나는 부모님이 불편해 보이면 기분을 맞추려고 했다.	①	②	③	④	⑤
6	나는 부모님의 단점이나 잘못을 말씀드리곤 했다.	①	②	③	④	⑤
7	나는 부모님에게 슬픔을 표현할 수 있었다.	①	②	③	④	⑤
8	나는 부모님에게 우울함을 표현할 수 있었다.	①	②	③	④	⑤
9	나는 부모님에게 화났다고 말할 수 있었다.	①	②	③	④	⑤
10	나는 부모님에게 화난 표정을 지을 수 있었다.	①	②	③	④	⑤
11	나는 부모님에게 좋아한다고 말할 수 있었다.	①	②	③	④	⑤
12	나는 부모님에게 사랑한다고 말할 수 있었다.	①	②	③	④	⑤
13	나는 부모님에게 싫어한다고 말할 수 있었다.	①	②	③	④	⑤
14	나는 부모님에게 실망했다고 말할 수 있었다.	①	②	③	④	⑤
15	나는 부모님에게 (정이 들었다면) '정 들었다'고 말할 수 있었다.	①	②	③	④	⑤
16	나는 부모님에게 (정 떨어질 때) '정 떨어진다'고 말할 수 있었다.	①	②	③	④	⑤

◈ 다음은 형제에게 귀하가 어떻게 느끼고 행동하는가에 관한 질문입니다. 각 문항을 잘 읽고 해당되는 번호에 ✔표해 주세요.

번호	문항내용	전혀 그렇지 않다	별로 그렇지 않다	보통 이다	조금 그렇다	매우 그렇다
1	나는 형제에게 나의 생각을 주저하지 않고 얘기했다.	①	②	③	④	⑤
2	나는 형제에게 다른 사람의 흉을 볼 수 있었다.	①	②	③	④	⑤
3	나는 내가 원하는 바를 형제에게 부탁하려면 두려웠다.	①	②	③	④	⑤
4	나는 형제가 반대해도 내 의견을 말했다.	①	②	③	④	⑤
5	나는 형제가 불편해 보이면 기분을 맞추려고 한다.	①	②	③	④	⑤
6	나는 형제의 단점이나 잘못을 얘기해 주었다.	①	②	③	④	⑤
7	나는 형제에게 슬픔을 표현할 수 있었다.	①	②	③	④	⑤
8	나는 형제에게 우울함을 표현할 수 있었다.	①	②	③	④	⑤
9	나는 형제에게 화났다고 말할 수 있었다.	①	②	③	④	⑤
10	나는 형제에게 화난 표정을 지을 수 있었다.	①	②	③	④	⑤
11	나는 형제에게 좋아한다고 말할 수 있었다.	①	②	③	④	⑤
12	나는 형제에게 사랑한다고 말할 수 있었다.	①	②	③	④	⑤
13	나는 형제에게 싫어한다고 말할 수 있었다.	①	②	③	④	⑤
14	나는 형제에게 실망했다고 말할 수 있었다.	①	②	③	④	⑤
15	나는 형제에게 (정이 들었다면) '정 들었다'고 말할 수 있었다.	①	②	③	④	⑤
16	나는 형제에게 (정 떨어질 때) '정 떨어진다'고 말할 수 있었다.	①	②	③	④	⑤

◈ 다음은 친구에게 귀하가 어떻게 느끼고 행동하는 가에 관한 질문입니다. 각 문항을 잘 읽고 해당되는 번호에 ✔표해 주세요.

번호	문항내용	전혀 그렇지 않다	별로 그렇지 않다	보통 이다	조금 그렇다	매우 그렇다
1	나는 친구에게 나의 생각을 주저하지 않고 얘기했다.	①	②	③	④	⑤
2	나는 친구에게 다른 사람의 흉을 볼 수 있었다.	①	②	③	④	⑤
3	나는 내가 원하는 바를 친구에게 부탁하려면 두려웠다.	①	②	③	④	⑤
4	나는 친구이 반대해도 내 의견을 말했다.	①	②	③	④	⑤
5	나는 친구가 불편해 보이면 기분을 맞추려고 했다.	①	②	③	④	⑤
6	나는 친구의 단점이나 잘못을 얘기해 준다.	①	②	③	④	⑤
7	나는 친구에게 슬픔을 표현할 수 있었다.	①	②	③	④	⑤
8	나는 친구에게 우울함을 표현할 수 있었다.	①	②	③	④	⑤

9	나는 친구에게 화났다고 말할 수 있었다.	①	②	③	④	⑤
10	나는 친구에게 화난 표정을 지을 수 있었다.	①	②	③	④	⑤
11	나는 친구에게 좋아했다고 말할 수 있었다.	①	②	③	④	⑤
12	나는 친구에게 사랑했다고 말할 수 있었다.	①	②	③	④	⑤
13	나는 친구에게 싫어했다고 말할 수 있었다.	①	②	③	④	⑤
14	나는 친구에게 실망했다고 말할 수 있었다.	①	②	③	④	⑤
15	나는 친구에게 (정이 들었다면) '정 들었다'고 말할 수 있었다.	①	②	③	④	⑤
16	나는 친구에게 (정 떨어질 때) '정 떨어진다'고 말할 수 있었다.	①	②	③	④	⑤

◈ 다음은 이웃에게 귀하가 어떻게 느끼고 행동하는 가에 관한 질문입니다. 각 문항을 잘 읽고 해당되는 번호에 ✔표해 주세요.

번호	문항내용	전혀 그렇지 않다	별로 그렇지 않다	보통이다	조금 그렇다	매우 그렇다
1	나는 이웃에게 나의 생각을 주저하지 않고 얘기했다.	①	②	③	④	⑤
2	나는 이웃에게 다른 사람의 흉을 볼 수 있었다.	①	②	③	④	⑤
3	나는 내가 원하는 바를 이웃에게 부탁하려면 두려웠다.	①	②	③	④	⑤
4	나는 이웃이 반대해도 내 의견을 말했다.	①	②	③	④	⑤
5	나는 이웃이 불편해 보이면 기분을 맞추려고 했다.	①	②	③	④	⑤
6	나는 이웃의 단점이나 잘못을 얘기해 준다.	①	②	③	④	⑤
7	나는 이웃에게 슬픔을 표현할 수 있었다.	①	②	③	④	⑤
8	나는 이웃에게 우울함을 표현할 수 있었다.	①	②	③	④	⑤
9	나는 이웃에게 화났다고 말할 수 있었다.	①	②	③	④	⑤
10	나는 이웃에게 화난 표정을 지을 수 있었다.	①	②	③	④	⑤
11	나는 이웃에게 좋아했다고 말할 수 있었다.	①	②	③	④	⑤
12	나는 이웃에게 사랑했다고 말할 수 있었다.	①	②	③	④	⑤
13	나는 이웃에게 싫어했다고 말할 수 있었다.	①	②	③	④	⑤
14	나는 이웃에게 실망했다고 말할 수 있었다.	①	②	③	④	⑤
15	나는 이웃에게 (정이 들었다면) '정 들었다'고 말할 수 있었다.	①	②	③	④	⑤
16	나는 이웃에게 (정 떨어질 때) '정 떨어진다'고 말할 수 있었다.	①	②	③	④	⑤

◈ 다음은 직장상사에게 귀하가 어떻게 느끼고 행동하는 가에 관한 질문입니다. 각 문항을 잘 읽고 해당되는 번호에 ✔표해 주세요.

번호	문항내용	전혀 그렇지 않다	별로 그렇지 않다	보통이다	조금 그렇다	매우 그렇다
1	나는 직장상사에게 나의 생각을 주저하지 않고 얘기했다.	①	②	③	④	⑤
2	나는 직장상사에게 다른 사람의 흉을 볼 수 있었다.	①	②	③	④	⑤
3	나는 내가 원하는 바를 직장상사에게 부탁하려면 두려웠다.	①	②	③	④	⑤
4	나는 직장상사가 반대해도 내 의견을 말했다.	①	②	③	④	⑤
5	나는 직장상사가 불편해 보이면 기분을 맞추려고 했다.	①	②	③	④	⑤
6	나는 직장상사의 단점이나 잘못을 얘기해 준다.	①	②	③	④	⑤
7	나는 직장상사에게 슬픔을 표현할 수 있었다.	①	②	③	④	⑤
8	나는 직장상사에게 우울함을 표현할 수 있었다.	①	②	③	④	⑤
9	나는 직장상사에게 화났다고 말할 수 있었다.	①	②	③	④	⑤
10	나는 직장상사에게 화난 표정을 지을 수 있었다.	①	②	③	④	⑤
11	나는 직장상사에게 좋아했다고 말할 수 있었다.	①	②	③	④	⑤
12	나는 직장상사에게 사랑했다고 말할 수 있었다.	①	②	③	④	⑤
13	나는 직장상사에게 싫어했다고 말할 수 있었다.	①	②	③	④	⑤
14	나는 직장상사에게 실망했다고 말할 수 있었다.	①	②	③	④	⑤
15	나는 직장상사에게 (정이 들었다면) '정 들었다'고 말할 수 있었다.	①	②	③	④	⑤
16	나는 직장상사에게 (정 떨어질 때) '정 떨어진다'고 말할 수 있었다.	①	②	③	④	⑤

◈ 다음은 현재 남한사회에서 생활하며 귀하가 느끼는 바에 대한 문항입니다. 각 문항을 잘 읽고 해당되는 번호에 ✔표해 주세요.

번호	문항내용	전혀 그렇지 않다	별로 그렇지 않다	보통이다	조금 그렇다	매우 그렇다
1	나는 지방에서 살아서 손해를 보는 경향이 있다.	①	②	③	④	⑤
2	나는 학력이 낮아서 손해를 보는 경향이 있다.	①	②	③	④	⑤
3	나는 탈북인에 대한 편견 때문에 손해를 보는 경향이 있다.	①	②	③	④	⑤
4	나는 여자라서(남자라서) 손해를 보는 경향이 있다.	①	②	③	④	⑤
5	나는 나이가 어려서(많아서) 손해를 보는 경향이 있다.	①	②	③	④	⑤

6	나는 가정에서 할 일이 너무 많다.	①	②	③	④	⑤
7	나는 직장에서 할 일이 너무 많다.	①	②	③	④	⑤
8	사람들은 나를 신뢰하지 않는다.	①	②	③	④	⑤
9	사람들은 나의 능력을 과소평가했다.	①	②	③	④	⑤
10	사람들은 나를 도와주지 않는다.	①	②	③	④	⑤

◈ 다음은 귀하의 기본적인 인적사항에 대한 질문입니다. 빈칸에 직접 내용을 적거나, 해당되는 번호에 ✔표해 주세요.

1. 성별 ① 남 ② 여
2. 연령 (만 세)
3. 출생지역 ( )도
4. 북한에서의 학력은?
   ① 인민학교 졸 이하 ② 고등중학교 중퇴 ③ 고등중학교 졸업
   ④ 기술학교(전문학교 포함) 중퇴 ⑤ 기술학교(전문학교 포함) 졸
   ⑥ 대학 중퇴 ⑦ 대학 졸업 이상 ⑥ 기타 ( )
5. 북한 탈북 연월 ( )년 ( )월
6. 남한 입국 연월 ( )년 ( )월
7. 귀하는 어디에서 결혼하셨습니까? ① 북한 ② 남한 ③ 제3국
8. 자녀수는 몇 명입니까? ____________명
9. 현재 북한에 남아 있는 직계가족(부모님, 형제, 배우자, 자녀) 및 친척은?
   ① 가족 전부 ② 가족 중 일부 ③ 친척만 있음 ④ 없음
10. 현재 중국 및 주변국에 남아 있는 가족(부모님, 형제, 배우자, 자녀) 및 친척은?
   ① 가족 전부 ② 가족 중 일부 ③ 친척만 있음 ④ 없음
11. 현재 남한에는 있는 가족(부모님, 형제, 배우자, 자녀) 및 친척은?
   ① 가족 전부 ② 가족 중 일부 ③ 친척만 있음 ④ 없음
12. 북한에서 귀하는 주로 어떤 일을 하셨습니까?
   ① 학생 ② 군인 ③ 노동자 ④ 협동농장원 ⑤ 사무원
   ⑥ 교사/교수 ⑦ 당 소속 ⑧ 무직 ⑨ 기타( )
13. 남한에서 귀하의 현재 직업은 다음 중 어디에 해당 되십니까?
   ① 농업/어업/임업
   ② 자영업(소규모 업소주인 및 가족 종사자, 개인택시운전사, 보험설계사 등)
   ③ 서비스/생산직(상점점원, 세일즈맨, 전기/수리/운수 계통의 기사, 학습지교사, 학원강사 등)
   ④ 일반작업직(건설노동자, 청소, 수위, 육체노동 등)
   ⑤ 사무/기술직(일반회사 사무직, 기술직, 초·중·고교사, 항해사, 공무원 6급 이하 등)
   ⑥ 전문직(대학교수, 의사, 변호사, 예술가, 종교가 등)

⑦ 무직(전업주부 포함) ⑧ 학생

14. 북한에서 귀하의 경제 사정에 해당된다고 생각하신 곳에 ✔표해 주세요.

▽	▽	▽	▽	▽
매우 힘들다	**힘든 편이다**	**평범하다**	**넉넉한 편이다**	**매우 넉넉하다**
① 빈곤층	② 중하층	③ 중류층	④ 중상층	⑤ 상류층

15. 남한에서 현재 귀하의 경제 사정에 해당된다고 생각하신 곳에 ✔표해 주세요.

① 빈곤층 ② 중하층 ③ 중류층 ④ 중상층 ⑤ 상류층

16. 중국을 포함한 제3국에서 얼마나 체류하셨습니까?

① 6개월 이하 ② 6개월 이상 1년 이하 ③ 1년 이상 2년 이하 ④ 2년 이상

부록 2. 남한성인 대상 설문지

자료번호: | | | | |

질 문 지

안녕하십니까?

조사에 협조해 주신 여러분께 감사의 말씀을 드립니다.

이 연구는 북한이탈주민과 남한주민의 사회적 관계망에 대한 생각과 행동차이를 조사하여 북한이탈주민의 남한사회 적응과 북한사회에 대한 이해를 돕기 위한 목적으로 행해지게 됩니다. 여러분은 평상시 생활하면서 느끼는 생각과 행동을 솔직하게 표현해 주시면 됩니다. 각 문항에 정답은 없으며, 여러분이 하는 생각이나 행동과 일치하는 곳에 표시해 주시면 됩니다.

응답해 주신 자료는 순수한 학술자료를 위해 통계 분석되어 응답자에 관한 모든 정보의 비밀이 보장되오니 개인 신상 정보의 유출을 걱정할 필요가 없습니다.

설문 중에 무응답이 있는 경우는 분석 자료로서 사용할 수 없으므로 **한 문항도 빠짐없이 응답**해 주실 것을 부탁드립니다. 그리고 **솔직하게 응답해 주시기를 간곡히 부탁**드립니다.

혹시 이 연구결과에 관심이 있으시면 아래 메일 주소로 연락해 주시면 그 결과를 알려드리겠습니다. 여러 가지 바쁘신 중에도 이 **설문조사에 응답해 주심에 깊이 감사**드립니다.

서울대학교 생활과학대학 아동가족학과 교수 이순형

◈ 다음은 평상시 귀하의 생각에 대한 문항입니다. 각 문항을 잘 읽고 해당되는 번호에 ✔표해 주세요.

번호	문항내용	전혀 그렇지 않다	별로 그렇지 않다	보통이다	조금 그렇다	매우 그렇다
1	사람들과 함께 어떤 일을 같이 할 때 기분이 좋다.	①	②	③	④	⑤
2	동료가 상을 타면 나도 자부심을 느낀다.	①	②	③	④	⑤
3	친척이 경제적인 어려움을 겪을 때 나는 능력껏 도와준다.	①	②	③	④	⑤
4	집단의 결정사항을 존중하는 것이 중요하다.	①	②	③	④	⑤
5	내가 속한 집단을 위해 나의 이익을 양보한다.	①	②	③	④	⑤
6	나는 내가 속한 집단 구성원의 의견을 존중한다.	①	②	③	④	⑤
7	나만의 개성을 추구하는 것이 중요하다.	①	②	③	④	⑤
8	나는 독립적인 인격체가 되는 것이 중요하다.	①	②	③	④	⑤
9	다른 사람에게 의존하기보다는 나 자신에게 의존한다.	①	②	③	④	⑤
10	나는 매사에 다른 사람들보다 잘 해야 한다.	①	②	③	④	⑤
11	경쟁은 삶의 원칙이다.	①	②	③	④	⑤
12	어느 경쟁에서나 이기는 것이 중요하다.	①	②	③	④	⑤

◈ 다음은 사회생활을 하며 귀하가 느꼈던 바에 대한 문항입니다. 각 문항을 잘 읽고 해당되는 번호에 ✔표해 주세요.

번호	문항내용	전혀 그렇지 않다	별로 그렇지 않다	보통이다	조금 그렇다	매우 그렇다
1	나는 지방에서 살아서 손해를 본 적이 있다.	①	②	③	④	⑤
2	나는 학력이 낮아서 손해를 본 적이 있다.	①	②	③	④	⑤
3	나는 힘(권력)이 없어서 손해를 본 적이 있다.	①	②	③	④	⑤
4	나는 여자라서(남자라서) 손해를 본 적이 있다.	①	②	③	④	⑤
5	나는 나이가 어려서(많아서) 손해를 본 적이 있다.	①	②	③	④	⑤
6	가정에서 나에게 거는 기대가 부담스럽다.	①	②	③	④	⑤
7	직장에서 나에게 거는 기대가 부담스럽다.	①	②	③	④	⑤
8	사람들은 나를 신뢰하지 않는다.	①	②	③	④	⑤
9	사람들은 나의 능력을 과소평가한다.	①	②	③	④	⑤
10	사람들은 나를 도와주지 않는다.	①	②	③	④	⑤

◈ 다음은 다른 사람과의 관계에 대한 문항입니다. 각 문항을 잘 읽고 ○○에 해당되는 사람의 번호에 모두 ✔표해 주세요.

번호	문항내용	부모	형제	친구	이웃	동료	상사	반장
1	○○가 급할 때 나는 흔쾌히 돈을 빌려줄 수 있다.	①	②	③	④	⑤	⑥	⑦
2	○○가 갑자기 나에게 자녀를 돌봐달라고 해도 괜찮다.	①	②	③	④	⑤	⑥	⑦
3	○○와 가족문제(부부/자녀에 관한)를 의논할 수 있다.	①	②	③	④	⑤	⑥	⑦
4	○○가 나에게 온 편지를 먼저 뜯어봐도 괜찮다.	①	②	③	④	⑤	⑥	⑦
5	○○가 연락하지 않고 우리 집을 방문해도 괜찮다.	①	②	③	④	⑤	⑥	⑦
6	○○에게 중요한 비밀을 말할 수 있다.	①	②	③	④	⑤	⑥	⑦
7	○○에게 반말을 쓰는 것도 괜찮다.	①	②	③	④	⑤	⑥	⑦

◈ 다음은 학교생활을 할 당시 느꼈던 교사와 학생 간의 관계에 관한 질문입니다. 각 문항을 잘 읽고 해당되는 번호에 ✔표해 주세요.

번호	문항내용	전혀 그렇지 않다	별로 그렇지 않다	보통이다	조금 그렇다	매우 그렇다
1	교사는 학생들과 시선을 맞추며 이야기한다.	①	②	③	④	⑤
2	교사는 학생들의 말을 끝까지 들어주었다.	①	②	③	④	⑤
3	학생들은 교사에게 마음을 터놓고 대화를 했다.	①	②	③	④	⑤
4	교사는 학생들이 질문에 대해 생각하고 대답할 시간을 충분히 주었다.	①	②	③	④	⑤
5	교사는 편지나 게시물 등의 방식으로도 학생의 의견을 들었다.	①	②	③	④	⑤
6	교사는 학생에게 주로 "하라", "하지 마라"는 식으로 말했다.	①	②	③	④	⑤
7	교사는 학생의 이해를 돕기 위하여 여러 가지 방법을 사용하여 설명해 주었다.	①	②	③	④	⑤
8	교사는 학생들을 꾸짖을 때도 설득하듯이 말했다.	①	②	③	④	⑤
9	교사는 학급의 중요한 일을 학생의 의견을 묻고 결정했다.	①	②	③	④	⑤
10	교사는 무엇이든 학생 스스로 하는 것을 중요하게 생각했다.	①	②	③	④	⑤

◈ 다음은 직장과 같은 조직사회에서 귀하의 태도에 관한 질문입니다. 각 문항을 잘 읽고 해당되는 번호에 ✔표해 주세요.

번호	문항내용	전혀 그렇지 않다	별로 그렇지 않다	보통이다	조금 그렇다	매우 그렇다
1	나는 중요한 결정 시 나의 생각보다 상급자의 지시에 따르는 경우가 많다.	①	②	③	④	⑤
2	나는 하급자의 잘못된 판단이나 행동에 대해 지적하는 편이다.	①	②	③	④	⑤
3	나는 하급자의 의견을 업무에 반영하려 노력하는 편이다.	①	②	③	④	⑤
4	나는 상급자에게 개인적 문제도 자연스럽게 표현하는 편이다.	①	②	③	④	⑤
5	나는 원활한 업무추진을 위해 상대방과 의견교환 하려고 노력한다.	①	②	③	④	⑤
6	나는 회의 시 자유로운 의견교환을 통해 결론이 도출되도록 노력하는 편이다.	①	②	③	④	⑤
7	우리 회사는 동료들과의 의사소통이 활발하며 자유스러운 분위기라고 생각한다.	①	②	③	④	⑤
8	나는 동료들과의 인간관계 형성을 위해 노력한다.	①	②	③	④	⑤
9	나는 회사는 비공식적 모임이 공식 모임보다 업무수행에 도움을 많이 주며 지원적이라고 생각한다.	①	②	③	④	⑤
10	나는 동창회, 동기회 등의 비공식적 모임에 자주 참석한다.	①	②	③	④	⑤

◈ 다음은 남편 혹은 아내에게 귀하가 어떻게 느끼고 행동하는 가에 관한 질문입니다. 각 문항을 잘 읽고 해당되는 번호에 ✔표해 주세요.

번호	문항내용	전혀 그렇지 않다	별로 그렇지 않다	보통이다	조금 그렇다	매우 그렇다
1	나는 남편(아내)에게 나의 생각을 주저하지 않고 얘기한다.	①	②	③	④	⑤
2	나는 남편(아내)에게 다른 사람의 흉을 볼 수 있다.	①	②	③	④	⑤
3	나는 내가 원하는 바를 남편(아내)에게 부탁하려면 두렵다.	①	②	③	④	⑤
4	나는 남편(아내)이 반대해도 내 의견을 말한다.	①	②	③	④	⑤
5	나는 남편(아내)이 불편해 보이면 기분을 맞추려고 한다.	①	②	③	④	⑤

6	나는 남편(아내)의 단점이나 잘못을 얘기해 준다.	①	②	③	④	⑤
7	나는 남편(아내)에게 슬픔을 표현할 수 있다.	①	②	③	④	⑤
8	나는 남편(아내)에게 우울함을 표현할 수 있다.	①	②	③	④	⑤
9	나는 남편(아내)에게 화났다고 말할 수 있다.	①	②	③	④	⑤
10	나는 남편(아내)에게 화난 표정을 지을 수 있다.	①	②	③	④	⑤
11	나는 남편(아내)에게 좋아한다고 말할 수 있다.	①	②	③	④	⑤
12	나는 남편(아내)에게 사랑한다고 말할 수 있다.	①	②	③	④	⑤
13	나는 남편(아내)에게 싫어한다고 말할 수 있다.	①	②	③	④	⑤
14	나는 남편(아내)에게 실망했다고 말할 수 있다.	①	②	③	④	⑤
15	나는 남편(아내)에게 (정이 들었다면) '정 들었다'고 말할 수 있다.	①	②	③	④	⑤
16	나는 남편(아내)에게 (정 떨어질 때) '정 떨어진다'고 말할 수 있다.	①	②	③	④	⑤

◈ 다음은 부모님에게 귀하가 어떻게 느끼고 행동하는가에 관한 질문입니다. 각 문항을 잘 읽고 해당되는 번호에 ✔표해 주세요.

번호	문항내용	전혀 그렇지 않다	별로 그렇지 않다	보통 이다	조금 그렇다	매우 그렇다
1	나는 부모님에게 나의 생각을 주저하지 않고 말한다.	①	②	③	④	⑤
2	나는 부모님에게 다른 사람의 흉을 볼 수 있다.	①	②	③	④	⑤
3	나는 내가 원하는 바를 부모님에게 부탁하려면 두렵다.	①	②	③	④	⑤
4	나는 부모님이 반대해도 내 의견을 말한다.	①	②	③	④	⑤
5	나는 부모님이 불편해 보이면 기분을 맞추려고 한다.	①	②	③	④	⑤
6	나는 부모님의 단점이나 잘못을 말씀드리곤 한다.	①	②	③	④	⑤
7	나는 부모님에게 슬픔을 표현할 수 있다.	①	②	③	④	⑤
8	나는 부모님에게 우울함을 표현할 수 있다.	①	②	③	④	⑤
9	나는 부모님에게 화났다고 말할 수 있다.	①	②	③	④	⑤
10	나는 부모님에게 화난 표정을 지을 수 있다.	①	②	③	④	⑤
11	나는 부모님에게 좋아한다고 말할 수 있다.	①	②	③	④	⑤
12	나는 부모님에게 사랑한다고 말할 수 있다.	①	②	③	④	⑤
13	나는 부모님에게 싫어한다고 말할 수 있다.	①	②	③	④	⑤
14	나는 부모님에게 실망했다고 말할 수 있다.	①	②	③	④	⑤
15	나는 부모님에게 (정이 들었다면) '정 들었다'고 말할 수 있다.	①	②	③	④	⑤
16	나는 부모님에게 (정 떨어질 때) '정 떨어진다'고 말할 수 있다.	①	②	③	④	⑤

◈ 다음은 형제에게 귀하가 어떻게 느끼고 행동하는가에 관한 질문입니다. 각 문항을 잘 읽고 해당되는 번호에 ✔표해 주세요.

번호	문항내용	전혀 그렇지 않다	별로 그렇지 않다	보통 이다	조금 그렇다	매우 그렇다
1	나는 형제에게 나의 생각을 주저하지 않고 얘기한다.	①	②	③	④	⑤
2	나는 형제에게 다른 사람의 흉을 볼 수 있다.	①	②	③	④	⑤
3	나는 내가 원하는 바를 형제에게 부탁하려면 두렵다.	①	②	③	④	⑤
4	나는 형제가 반대해도 내 의견을 말한다.	①	②	③	④	⑤
5	나는 형제가 불편해 보이면 기분을 맞추려고 한다.	①	②	③	④	⑤
6	나는 형제의 단점이나 잘못을 얘기해 준다.	①	②	③	④	⑤
7	나는 형제에게 슬픔을 표현할 수 있다.	①	②	③	④	⑤
8	나는 형제에게 우울함을 표현할 수 있다.	①	②	③	④	⑤
9	나는 형제에게 화났다고 말할 수 있다.	①	②	③	④	⑤
10	나는 형제에게 화난 표정을 지을 수 있다.	①	②	③	④	⑤
11	나는 형제에게 좋아한다고 말할 수 있다.	①	②	③	④	⑤
12	나는 형제에게 사랑한다고 말할 수 있다.	①	②	③	④	⑤
13	나는 형제에게 싫어한다고 말할 수 있다.	①	②	③	④	⑤
14	나는 형제에게 실망했다고 말할 수 있다.	①	②	③	④	⑤
15	나는 형제에게 (정이 들었다면) '정 들었다'고 말할 수 있다.	①	②	③	④	⑤
16	나는 형제에게 (정 떨어질 때) '정 떨어진다'고 말할 수 있다.	①	②	③	④	⑤

◈ 다음은 친구에게 귀하가 어떻게 느끼고 행동하는 가에 관한 질문입니다. 각 문항을 잘 읽고 해당되는 번호에 ✔표해 주세요.

번호	문항내용	전혀 그렇지 않다	별로 그렇지 않다	보통 이다	조금 그렇다	매우 그렇다
1	나는 친구에게 나의 생각을 주저하지 않고 얘기한다.	①	②	③	④	⑤
2	나는 친구에게 다른 사람의 흉을 볼 수 있다.	①	②	③	④	⑤
3	나는 내가 원하는 바를 친구에게 부탁하려면 두렵다.	①	②	③	④	⑤
4	나는 친구가 반대해도 내 의견을 말한다.	①	②	③	④	⑤
5	나는 친구가 불편해 보이면 기분을 맞추려고 한다.	①	②	③	④	⑤
6	나는 친구의 단점이나 잘못을 얘기해 준다.	①	②	③	④	⑤
7	나는 친구에게 슬픔을 표현할 수 있다.	①	②	③	④	⑤
8	나는 친구에게 우울함을 표현할 수 있다.	①	②	③	④	⑤

9	나는 친구에게 화났다고 말할 수 있다.	①	②	③	④	⑤
10	나는 친구에게 화난 표정을 지을 수 있다.	①	②	③	④	⑤
11	나는 친구에게 좋아했다고 말할 수 있다.	①	②	③	④	⑤
12	나는 친구에게 사랑했다고 말할 수 있다.	①	②	③	④	⑤
13	나는 친구에게 싫어했다고 말할 수 있다.	①	②	③	④	⑤
14	나는 친구에게 실망했다고 말할 수 있다.	①	②	③	④	⑤
15	나는 친구에게 (정이 들었다면) '정 들었다'고 말할 수 있다.	①	②	③	④	⑤
16	나는 친구에게 (정 떨어질 때) '정 떨어진다'고 말할 수 있다.	①	②	③	④	⑤

◈ 다음은 이웃에게 귀하가 어떻게 느끼고 행동하는 가에 관한 질문입니다. 각 문항을 잘 읽고 해당되는 번호에 ✔표해 주세요.

번호	문항내용	전혀 그렇지 않다	별로 그렇지 않다	보통 이다	조금 그렇다	매우 그렇다
1	나는 이웃에게 나의 생각을 주저하지 않고 얘기한다.	①	②	③	④	⑤
2	나는 이웃에게 다른 사람의 흉을 볼 수 있다.	①	②	③	④	⑤
3	나는 내가 원하는 바를 이웃에게 부탁하려면 두렵다.	①	②	③	④	⑤
4	나는 이웃이 반대해도 내 의견을 말한다.	①	②	③	④	⑤
5	나는 이웃이 불편해 보이면 기분을 맞추려고 한다.	①	②	③	④	⑤
6	나는 이웃의 단점이나 잘못을 얘기해 준다.	①	②	③	④	⑤
7	나는 이웃에게 슬픔을 표현할 수 있다.	①	②	③	④	⑤
8	나는 이웃에게 우울함을 표현할 수 있다.	①	②	③	④	⑤
9	나는 이웃에게 화났다고 말할 수 있다.	①	②	③	④	⑤
10	나는 이웃에게 화난 표정을 지을 수 있다.	①	②	③	④	⑤
11	나는 이웃에게 좋아했다고 말할 수 있다.	①	②	③	④	⑤
12	나는 이웃에게 사랑했다고 말할 수 있다.	①	②	③	④	⑤
13	나는 이웃에게 싫어했다고 말할 수 있다.	①	②	③	④	⑤
14	나는 이웃에게 실망했다고 말할 수 있다.	①	②	③	④	⑤
15	나는 이웃에게 (정이 들었다면) '정 들었다'고 말할 수 있다.	①	②	③	④	⑤
16	나는 이웃에게 (정 떨어질 때) '정 떨어진다'고 말할 수 있다.	①	②	③	④	⑤

◈ 다음은 직장상사에게 귀하가 어떻게 느끼고 행동하는가에 관한 질문입니다. 각 문항을 잘 읽고 해당되는 번호에 ✔표해 주세요.

번호	문항내용	전혀 그렇지 않다	별로 그렇지 않다	보통이다	조금 그렇다	매우 그렇다
1	나는 직장상사에게 나의 생각을 주저하지 않고 얘기한다.	①	②	③	④	⑤
2	나는 직장상사에게 다른 사람의 흉을 볼 수 있다.	①	②	③	④	⑤
3	나는 내가 원하는 바를 직장상사에게 부탁하려면 두렵다.	①	②	③	④	⑤
4	나는 직장상사가 반대해도 내 의견을 말한다.	①	②	③	④	⑤
5	나는 직장상사가 불편해 보이면 기분을 맞추려고 한다.	①	②	③	④	⑤
6	나는 직장상사의 단점이나 잘못을 얘기해 준다.	①	②	③	④	⑤
7	나는 직장상사에게 슬픔을 표현할 수 있다.	①	②	③	④	⑤
8	나는 직장상사에게 우울함을 표현할 수 있다.	①	②	③	④	⑤
9	나는 직장상사에게 화났다고 말할 수 있다.	①	②	③	④	⑤
10	나는 직장상사에게 화난 표정을 지을 수 있다.	①	②	③	④	⑤
11	나는 직장상사에게 좋아했다고 말할 수 있다.	①	②	③	④	⑤
12	나는 직장상사에게 사랑했다고 말할 수 있다.	①	②	③	④	⑤
13	나는 직장상사에게 싫어했다고 말할 수 있다.	①	②	③	④	⑤
14	나는 직장상사에게 실망했다고 말할 수 있다.	①	②	③	④	⑤
15	나는 직장상사에게 (정이 들었다면) '정 들었다'고 말할 수 있다.	①	②	③	④	⑤
16	나는 직장상사에게 (정 떨어질 때) '정 떨어진다'고 말할 수 있다.	①	②	③	④	⑤

◈ 다음은 귀하의 기본적인 인적사항에 대한 질문입니다. 빈칸에 직접 내용을 적거나, 해당되는 번호에 ✔표해 주세요.

1. 성별 ① 남 ② 여
2. 연령 (만 세)
3. 출생지역 ( )도
4. 귀하의 학력은?
   ① 초등학교 졸업 ② 중학교 졸업 이하 ③ 고등학교 졸업 이하
   ④ 대학 중퇴 ⑤ 대학 졸업 ⑥ 대학 졸업 이상
5. 자녀가 있다면, 자녀수는 몇 명입니까? 명
6. 귀하의 현재 직업은 다음 중 어디에 해당 되십니까?
   ① 농업/어업/임업

② 자영업(소규모 업소주인 및 가족 종사자, 개인택시운전사, 보험설계사 등)
③ 서비스/생산직(상점점원, 세일즈맨, 전기/수리/운수 계통의 기사, 학습지교사, 학원강사 등)
④ 일반작업직(건설노동자, 청소, 수위, 육체노동 등)
⑤ 사무/기술직(일반회사 사무직, 기술직, 초·중·고교사, 항해사, 공무원 6급 이하 등)
⑥ 전문직(대학교수, 의사, 변호사, 예술가, 종교가 등)
⑦ 무직(전업주부 포함)
⑧ 학생

7\. 귀하의 경제 사정에 해당된다고 생각하신 곳에 ✔표해 주세요

▽	▽	▽	▽	▽
매우 힘들다	**힘든 편이다**	**평범하다**	**넉넉한 편이다**	**매우 넉넉하다**
① 빈곤층	② 중하층	③ 중류층	④ 중상층	⑤ 상류층

부록 3. 탈북청소년 대상 설문지

자료번호: | | | | |

질 문 지

안녕하십니까?

조사를 도와주셔서 감사합니다.

이 연구는 청소년 여러분이 생활하면서 느끼는 어려움이 무엇인지를 파악하여, 여러분을 위한 제도나 지원에 반영하는 기초자료가 될 것입니다. 여러분이 평상시 생활하면서 느끼는 생각과 행동을 솔직하게 표현해 주시면 됩니다. 각 문항에 정답은 없으며, 여러분이 하는 생각이나 행동과 일치하는 곳에 표시해 주시면 됩니다.

응답해 주신 자료는 순수한 학술자료를 위해 통계 분석되어 응답자에 관한 모든 정보의 비밀이 보장됩니다. 혹시 이 연구결과에 관심이 있으시면 아래 메일 주소로 연락해 주시면 그 결과를 알려드리겠습니다. 여러 가지 바쁘신 중에도 이 **설문조사에 응답해 주심에 깊이 감사**드립니다.

서울대학교 생활과학대학 아동가족학과 교수 이순형

◈ 다음은 다른 사람과의 관계에 대한 문항입니다. 각 문항을 잘 읽고 ○○에 해당되는 사람의 번호에 모두 ✔표해 주세요.

번호	문항내용	부모	형제	조부모	친척	친구	이웃	교사
1	○○와 가족문제를 의논할 수 있다.	①	②	③	④	⑤	⑥	⑦
2	○○가 나에게 온 편지를 먼저 뜯어봐도 괜찮다.	①	②	③	④	⑤	⑥	⑦
3	○○가 연락하지 않고 우리 집을 방문해도 괜찮다.	①	②	③	④	⑤	⑥	⑦
4	○○에게 중요한 고민을 말할 수 있다.	①	②	③	④	⑤	⑥	⑦
5	○○에게 반말을 쓰는 것도 괜찮다.	①	②	③	④	⑤	⑥	⑦
6	○○가 급할 때 나는 흔쾌히 돈을 빌려줄 수 있다.	①	②	③	④	⑤	⑥	⑦

◈ 문항을 읽고, 여러분의 평소 생각과 느낌에 일치하면 '그렇다'에 일치하지 않으면, 일치하지 않으면, '그렇지 않다'에 ✔표해 주세요.

번호	문항내용	그렇다	그렇지 않다
1	확실히 내 팔자는 나쁘다.		
2	아무도 나를 이해해 주지 않는 것 같다.		
3	나에게 나쁜 짓을 하는 사람에게는 할 수만 있다면 보복을 해야 한다. 왜냐하면 원리원칙상 그렇게 하는 것이 마땅하기 때문이다.		
4	거의 어느 때나 무언가를 하기 보다는 가만히 앉아 공상에 잠기는 편이다.		
5	대부분의 법률은 없애버리는 편이 더 낫다.		
6	시를 좋아한다.		
7	인생은 살 만한 가치가 있다고 생각한다.		
8	사람들에게 진실을 납득시키기 위해서 토론이나 논쟁을 많이 해야 한다.		
9	학교에서 나쁜 짓을 하여 가끔 교무실에 불려 갔었다.		
10	내 주위에 있는 사람들만큼 나도 유능하고 똑똑한 것 같다.		
11	법률은 지켜져야 하며 어긴 사람은 벌 받아 마땅하다.		
12	누군가에게 주먹다짐을 하고 싶은 때가 이따금 있다.(분노)		
13	학교 가는 것이 좋다.		
14	내가 하고 있는 일에 관해서 글을 읽거나 조사하는 것을 좋아하다.		
15	나는 무슨 일이든 시작하기가 어렵다.		
16	가게 물건이나 남의 것을 훔치지 않고는 못 견딜 때가 가끔 있다.		
17	부모와 가족은 필요 이상으로 나의 결점을 찾아낸다.		
18	나쁜 말이나 종종 끔직한 말들이 떠올라 머릿속에서 떠나지 않는다.		
19	나는 아이들을 좋아한다.		
20	나는 낯선 사람과 만나는 것을 개의치 않는다.		

21	나는 쉽게 남들이 나를 두려워하게 할 수 있고 또 가끔은 재미삼아 그렇게 한다.		
22	장래 계획을 세울 수 없을 것 같다.		
23	남들의 인생철학을 듣고 싶지 않다.		
24	미래는 너무 불확실해서 중대한 계획을 세울 수 없다.		
25	학교에서 품행점수가 언제나 나쁘다.		
26	내가 이미 결정을 내린 생각도 다른 사람이 뭐라고 하면 쉽게 바꾸어 버린다.		
27	나는 가족 모두를 미워한다.		
28	내게 일어나고 있는 나쁜 일들에 대해 나는 책임이 없다.		
29	나의 주된 인생 목표는 성취될 수 있다.		
30	사적인 문제는 남에게 알리지 말고 혼자 간직해야 한다.		
31	나는 학교 선생님들이 바보라고 생각한다.		
32	내 삶에 대해 불만스럽지만 지금에 와서 뭘 어떻게 해 볼 도리가 없다.		
33	나의 문제나 근심거리에 대해 다른 사람과 이야기 나누는 것이 마약이나 약을 사용하는 것보다 종종 문제해결에 더 도움이 된다.		
34	대학에 가고 싶다.		
35	사람들은 내가 매력적이라고 생각하지 않는다.		
36	나의 삶에 변화를 한번 가져볼까 하는 생각만 해도 상당히 괴로워진다.		
37	대부분의 사람들은 나를 믿고 의지할 수 있다고 생각한다.		
38	학교가 좋은 이유는 단지 친구가 있기 때문이다.		
39	남들은 내가 원하는 대로 안 되면 불끈 화를 낸다고 말한다.		
40	종종 학교에서 무척 지루하고 졸리다.		
41	비밀을 나눌 수 있는 친한 친구가 있다.		
42	오랫동안 보지 못했던 사람이 먼저 내게 다가와 말 걸지 않는 한 그냥 모른 체 하고 지나친다.		
43	나는 매우 사교적인 사람이다.		
44	파티나 모임에서 장기자랑을 하는 게 불편하다.		
45	처음 만나는 사람과 대화하기가 어렵다.		
46	너무 수줍어하지 않았으면 좋겠다.		
47	많은 사람 앞에서 내가 잘 아는 분야에 관해 토론을 시작하거나 의견을 발표하라고 하면 당황하지 않고 잘 할 수 있다.		
48	남이 내게 말을 걸어오기 전에는 내가 먼저 말을 하지 않는 편이다.		
49	나도 다른 사람들처럼 쉽게 친구를 사귀는 것 같다.		
50	주위에 사람이 있는 것이 싫다.		
51	길을 걷다가 어떤 사람과 마주치는 게 싫어 길을 건너가 버릴 때가 종종 있다.		
52	파티와 사교모임을 좋아한다.		
53	되도록 사람이 많은 곳에 가기를 피한다.		

54	파티나 모임에서 여러 사람들과 어울리기보다는 혼자 있거나 단둘이 있는 때가 많다.		
55	춤추러 가는 것을 좋아한다.		
56	혼자 있을 때가 가장 행복하다.		
57	내가 사교모임을 좋아하는 이유는 단지 사람들과 어울리고 싶어서이다.		
58	군중 속에서 느끼게 되는 흥분감을 즐긴다.		
59	명랑한 친구들과 있으면 근심이 사라져 버리는 것 같다.		
60	어떤 이들은 내가 가까이 하기 힘든 사람이라고 생각한다.		
61	여유 시간을 거의 혼자서 보낸다.		
62	나는 대부분의 사람들과 사이좋게 지낸다.		
63	나는 대개 남들과 있으면 매우 조용하다.		
64	타인으로부터 동정이나 도움을 얻기 위해 자기들의 불행을 과장하는 사람이 많다.		
65	대부분의 사람들은 남보다 앞서기 위해서라면 거짓말도 할 것이다.		
66	사람들은 대부분 들키는 게 무서워서 정직한 것이다.		
67	누군가 내게 잘해 줄 때는 뭔가 숨은 의도가 있을 것이라고 종종 생각한다.		
68	이 세상에서 무엇이든지 다 손에 넣으려고 하는 사람을 나는 탓하지 않는다.		
69	아무도 믿지 않는 것이 가장 안전하다.		
70	사람들은 대개 자신에게 도움이 될 것 같으니까 친구를 사귄다.		
71	귀중품을 아무데나 내버려두어서 유혹을 느끼게 하는 사람도 그것을 훔치는 사람만큼 도난에 책임이 있다.		
72	곤경에 빠져나오기 위해 누구라도 거짓말을 한다.		
73	사람들은 남을 돕는 것을 속으로는 싫어한다.		
74	기대 이상으로 친절하게 구는 사람을 경계하는 편이다.		
75	나보다 별로 낫지도 않으면서 전문가로 불리는 사람들을 종종 만난다.		
76	사람들은 남의 권리를 존중해 주기보다는 남들이 자신의 권리를 존중해 주기를 더 바란다.		
77	단지 자기네들이 먼저 생각해 내지 못했다고 해서 나의 좋은 아이디어를 시기하는 사람들이 종종 있다.		
78	사람들을 바로 잡아주고 도와주려고 할 때 그들은 나의 의도를 종종 오해한다.		
79	일이 잘되면 자기 때문이고 안 되면 함께 일한 사람 탓으로 돌리는 그런 사람들을 위해 일한 적이 종종 있다.		
80	많은 사람들이 부도덕하거나 옳지 못한 성격을 가지고 있다.		
81	때때로 욕설을 퍼붓고 싶다.		
82	때때로 무엇인가를 부셔 버리고 싶어진다.		
83	종종 내가 왜 그렇게 짜증을 내거나 뚱해 있었는지 도무지 이해할 수 없다.		
84	나는 쉽게 화내고 쉽게 풀어진다.		

85	나는 사람들에 대해 쉽게 참을성을 잃는다.		
86	쉽사리 화는 내지 않는다.		
87	성급하다는 소리를 자주 듣는다.		
88	종종 새치기 하려는 사람을 보면서 아주 불쾌해져서 당사자에게 한마디 해준다.		
89	짜증내거나 투덜대고 난 후, 후회하는 일이 종종 있다.		
90	남들이 나를 재촉하면 화가 난다.		
91	나는 고집이 매우 세다.		
92	나는 종종 물건을 부수거나 깨뜨려서 곤경에 처한다.		
93	술을 마시고 싸움에 말려든 적이 가끔 있다.		
94	나는 종종 내 의견을 이해시키기 위해 언성을 높여야 한다.		

◈ 다음 글을 읽고 여러분에게 떠오르는 생각을 문장으로 적어주세요.

1. 가족을 부양하는 것은 ______________________.
2. 나의 어머니는 ______________________.
3. 나의 아버지는 ______________________.
4. 아버지와 나는 ______________________.
5. 다른 가정과 비교해서 우리 집안은 ______________________.
6. 어머니와 나는 ______________________.
7. 내가 어렸을 때 우리 가족은 ______________________.
8. 언젠가 나는 ______________________.
9. 나는 ______________________.
10. 나의 좋은 점은 ______________________.
11. 어떻게 해서든 잊고 싶은 것은 ______________________.
12. 나에게 가장 문제되는 것은 ______________________.
13. 내가 가장 두려웠던 시간은 ______________________.
14. 가장 행복했던 시간은 ______________________.
15. 내가 후회하는 것은 ______________________.
16. 나에게 필요한 것은 ______________________.
17. 내가 바라는 것은 ______________________.
18. 완전한 남성상은 ______________________.
19. 이성의 친구와 같이 있을 때는 ______________________.
20. 윗사람이 오는 것을 보면 나는 ______________________.
21. 남자애들은 ______________________.
22. 여자애들은 ______________________.
23. 선생님이란 ______________________.

24. 대통령이란 ____.
25. 김정일 위원장이란 ____.
26. 다른 사람들과 함께 있는 것은 ____.
27. 가장 보고 싶은 사람은 ____.

◈ 기본 인적 사항입니다. 빈칸에 직접 내용을 적거나, 해당되는 번호에 ✔표해 주세요.

1. 성별은 무엇입니까? ① 남 ② 여
2. 몇 년도에 태어났습니까? (　　　)년
3. 출생지역은 어디입니까? (　　　)도
4. 북한에서의 학교는 어디까지 다녔습니까?
   ① 인민학교 졸 이하 ② 고등중학교 중퇴
5. 남한 입국 연월은 언제입니까? (　　　)년 (　　)월
6. 부모님은 현재 생존해 계십니까? (① 예 라고 답한 경우만, 7번 문항에 답하세요.)
   ① 예 ② 아니오 ③ 알 수 없음
7. 생존해 계시다면, 현재 부모님은 어디에 계십니까?
   ① 남한 ② 북한 ③ 중국 및 제3국 ④ 알 수 없음
8. 현재 남한에는 형제가 있습니까?
   ① 형제 전부 ② 형제 중 일부 ③ 없음
9. 현재 남한에는 친척이 있습니까?
   ① 예 ② 아니오
10. 중국을 포함한 제3국에서 얼마나 체류했습니까?
    ① 6개월 이하 ② 6개월 이상 1년 이하
    ③ 1년 이상 2년 이하 ④ 2년 이상
11. 용돈 관리는 어떻게 합니까?
    ① 선생님께 맡겨 저축 ② 직접 관리하며 대부분 저축
    ③ 물건 구입에 대부분 사용 ④ 북한에 일부 송금
12. 이성친구가 있습니까?
    ① 예 ② 아니오
13. 남한 생활에서 가장 큰 도움을 주는 사람은 누구입니까?
    ① 학교 친구 ② 선생님 ③ 가족 ④ 종교단체 사람 ⑤ 기타 ____________
14. 휴일에는 보통 누구와 지냅니까?
    ① 학교 친구 ② 가족 ③ 종교단체 사람 ④ 기타 ____________
15. 학교를 졸업한 후, 어떤 일을 하고 싶습니까? (진로선택)
    ① 대학진학 ② 자격증 취득 ③ 취직 ④ 기타 ____________

| 저자 약력 |

이순형

서울대학교 가정관리학과 학사
서울대학교 대학원 석사, 박사(아동학)
한국아동학회, 한국인간발달학회 회장
현 서울대학교 생활과학대학 아동가족학과 교수
저서: 『정치사회화, 사회인지와 현실참여』(1996), 『한국의 명문 종가』(2000), 『사할린귀환자』(2000), 『통일에 앞서보는 북한의 가정생활문화』(2002), 『붉은악마와 월드컵』(2005), 『탈북 가족의 적응과 심리적 통합』(2007 공저), 『탈북인의 가족 해체와 재구성』(2009 공저), 『탈북민의 사회관계망과 사회적 자본』(2009 공저), 『한국아동의 일상생활문화』(2009), 『한국인의 자아정체 형성과 변화』(2010)

김창대

서울대학교 교육학과 학사
서울대학교 대학원 석사(교육상담)
미국 컬럼비아대학교 석사, 박사(교육상담)
현 서울대학교 사범대학 교육학과 교수
저서: 『탈북 가족의 적응과 심리적 통합』(2007 공저), 『대가에게 배우는 집단상담』(2008), 『학교상담과 생활지도』(2009), 『탈북인의 가족 해체와 재구성』(2009 공저), 『탈북민의 사회관계망과 사회적 자본』(2009 공저)

진미정

서울대학교 가정관리학과 학사
서울대학교 대학원 석사(소비자아동학)
미국 시카고 대학교 석사(아동가족정책)
미국 펜실베니아 주립대학교 박사(가족학/인구학)
현 서울대학교 생활과학대학 아동가족학과 교수
저서: 『가족발달』(2006, 공저), 『탈북 가족의 적응과 심리적 통합』(2007 공저), 『탈북인의 가족 해체와 재구성』(2009 공저), 『탈북민의 사회관계망과 사회적 자본』(2009 공저)